Anistatia Miller / Jared Brown
Gemixt, nicht gerührt

Aus dem Amerikanischen von Annette Hahn

Anistatia Miller / Jared Brown

Gemixt, nicht gerührt

Das Martini-Buch

Europaverlag München · Wien

Die Deutsche Bibliothek – CIP-Einheitsaufnahme

Miller, Anistatia:
Gemixt, nicht gerührt : das Martini-Buch /
Anistatia Miller/Jared Brown.
Aus dem Amerikan. von Annette Hahn. –
München ; Wien : Europaverl., 1998
Einheitssacht.: Shaken not stirred ‹dt.›
ISBN 3-203-80051-9

Originalausgabe
Shaken Not Stirred
HarperCollins Publishers, New York, 1997
© Anistatia Miller / Jared Brown, 1997

Lektorat: Cordelia Borchardt

Umschlaggestaltung: Wustmann und Ziegenfeuter, Dortmund
Umschlagfoto: Henner Prefi, Frankfurt am Main

© Alle deutschsprachigen Rechte beim
Europa Verlag GmbH, München, Wien 1998
Herstellung: Freiburger Graphische Betriebe, Freiburg
Printed in Germany
ISBN 3-203-80051-9

INHALT

VORWORT

Als erklärte Martiniliebhaber richteten wir in der Hallo-
ween-Nacht 1995 eine Web-Seite zum Thema Martinis
ein. Unser Service bestand aus einem kurzen Abriß der
Geschichte dieses Getränks, einigen klassischen Rezepten
und einer Reihe Empfehlungen für gute Cocktailbars.
Den abertausend Martinifans auf der ganzen Welt (und
unserer eigenen, nahezu obsessiven Experimentierfreude)
haben wir es zu verdanken, daß der Umfang unserer
Web-Seite »Shaken Not Stirred« sich seither unaufhör-
lich vergrößerte. Hin und wieder fragte uns auch jemand
nach einem Buch über unser liebstes Getränk, doch fanden wir kein modernes Werk, das mehr als ein halbes
Dutzend Rezepte enthielt. (Im Restaurant bei uns um die
Ecke stehen allein fünfundzwanzig verschiedene Martinis
auf der Cocktailkarte.)

Trotzdem dachten wir zunächst nicht weiter darüber
nach, bis ein Lektor von HarperCollins uns mitteilte, daß
es tatsächlich kein einziges Buch über die Vielfalt von
Martinis gebe, nach der es unsere Generation offenbar
dürste. Er schlug uns vor, dieses Buch selbst zu schreiben.
Und das war erst der Anfang. Wir verbrachten Stunden,
Tage, Wochen damit, im zwischenmenschlichen Chemie-
labor zu forschen, das Reich der klaren Flüssigkeiten und
gestielten Gläser zu erkunden, nach Ursprüngen des
Getränks in fernen Ländern zu suchen und eselsohrige
Bände über seine Geschichte zu wälzen.

Nun wissen wir alle, daß der klassische ›Martini Dry‹ aus
London Dry Gin, so wenig Vermouth wie möglich und
einer Olive oder Zitronenschale als Garnierung besteht –
sonst nichts. Alle traditionsverhafteten Käufer dieses

Buches haben hiermit bekommen, wofür sie bezahlt haben. Allerdings sind sie auch gerne dazu eingeladen, mit uns anderen weiterzulesen und etliche (verdammt gute) Variationen kennenzulernen, die in den letzten hundert Jahren kreiert wurden und die es ebenfalls verdienen, aus langstieligen Martinigläsern getrunken zu werden.

Ein paar Toasts wollen wir ausbringen auf wunderbare Menschen, die uns über die ganze Zeit hin inspiriert haben und uns halfen, das Material zusammenzubringen.

Auf unseren Agenten Lew Grimes, der uns den Mut gab, unsere erste Web-Seite »Shaken Not Stirred« zu entwickeln. Wir sind dankbar für seine Unterstützung.

Cheers auf George A. Fertitta von Margeotes/Fertitta + Partner für seine Hilfe bei der Materialsammlung und die guten Ratschläge während der Arbeit.

Eine Runde an Dank geht an Patricia Barroll bei Carillon Importers, die eine Fülle von Hintergrundfakten, Rezepten und Barempfehlungen lieferte und uns die Gelegenheit gab, mit den neuen Produkten von Stoli® Flavored Vodkas zu experimentieren. Dank gebührt auch Samara Farber und Doug Kilzer bei Kratz & Co., die uns weitere Bars und Produktinformationen vermittelten.

Ein besonderer Toast an Gisela Anna Stümpel vom Europaverlag dafür, daß sie an unsere Fähigkeit glaubte, gleichzeitig trinken und schreiben zu können. Cheers an Dr. Cordelia Borchardt, die uns nüchtern klingen ließ und an das ganze Team für seinen Einsatz, das Wort »Martini« in der deutschsprachigen Welt zu verbreiten.

Und nun bleibt uns nur noch eins zu sagen: Die Party kann beginnen! Cheers!

Anistatia Miller & Jared Brown

EINLEITUNG

 An meinen ersten Martini erinnere ich mich immer ... ab dem dritten wird's dann ein bißchen verschwommen.

So wie einige behaupten, ein guter Bordeaux sei der einzig wahre Rotwein, so ist für andere der trockene ›Martini Dry‹ der einzig wahre Martini. Wenn Sie in einem Lokal schlicht einen Martini oder ein Glas Rotwein bestellen, befinden Sie sich beide Male in derselben mißlichen Lage: dem Kellner oder Barmixer hilflos ausgeliefert. Entweder bringt man Ihnen einen unauffälligen Tafelwein der Hausmarke oder einen exzellenten 1993er Château Margaux Pavillon Rouge. Den Martini bekommen Sie entweder Medium-Dry – halbtrocken –, Extra-Dry – sehr trocken – oder einfach als Gin, pur oder auf Eis.

Alle Martinis haben denselben Ursprung – Barmixer nennen sie Shortdrinks. (Longdrinks werden in hohen Gläsern serviert und enthalten etwa achtmal so viel alkoholfreie Flüssigkeit wie Alkohol.) In professionellen Cocktailbüchern wird der Martini neben seinem engen Verwandten aufgeführt, dem Manhattan, einer Mischung aus Whisky und Vermouth. Es ist offensichtlich, daß diese spezielle Cocktailgattung selbst für Experten einen sehr weit gefächerten Bereich von Arten und Unterarten besitzt. Genau wie bei jeder Pflanze, jedem Tier und jedem Mineral der Erde kann man den Stammbaum des Martini auf wissenschaftliche Weise darstellen (siehe umseitig).

Moderne Martinimischungen führten zu einer noch weiter gefaßten Definition des ›Königs der Cocktails‹.

9

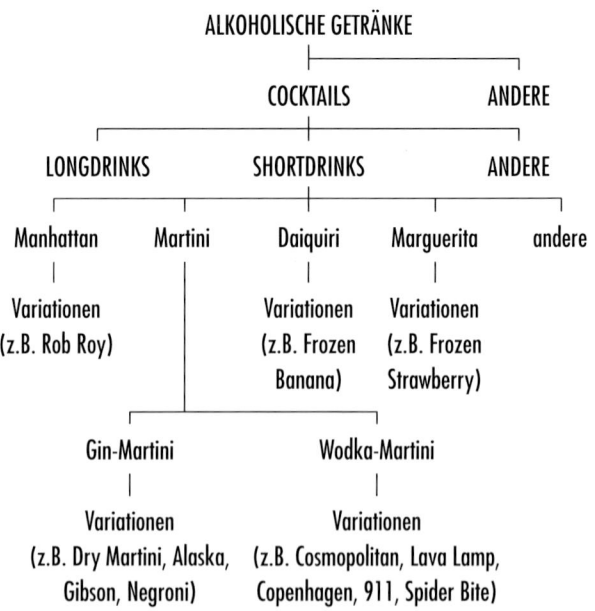

ALKOHOLISCHE GETRÄNKE

COCKTAILS — ANDERE

LONGDRINKS — SHORTDRINKS — ANDERE

Manhattan — Martini — Daiquiri — Marguerita — andere

Variationen (z.B. Rob Roy) — Variationen (z.B. Frozen Banana) — Variationen (z.B. Frozen Strawberry)

Gin-Martini — Wodka-Martini

Variationen (z.B. Dry Martini, Alaska, Gibson, Negroni) — Variationen (z.B. Cosmopolitan, Lava Lamp, Copenhagen, 911, Spider Bite)

So kann man heute generell sagen, daß ein Martini ein Shortdrink aus entweder Gin oder Wodka ist, der in einem Martiniglas serviert wird. Mixturen, die Cognac, Tequila oder Whisky als Hauptzutat beinhalten, gehören definitiv nicht zur hochgeschätzten Familie der Martinis. Wie steht es mit dem Martini ›on the rocks‹, also auf Eis? Er ist nichts weiter, als der Name besagt: ein Martini, serviert mit Eiswürfeln – so wie auch ein Wodka-Martini *ein* Martini ist, aber eben nicht *der* Martini Dry. Diese strikten Regeln sind übrigens ein noch sehr junges Phänomen, das in der Nachkriegszeit entstand, als gesellschaftlich hochstehende Geschäftsleute den Geschmack Amerikas – und der ganzen Welt – diktierten.

Für dieses Buch haben wir über einhundert Martini-Rezepte aufgestöbert, die in den zwanziger und dreißiger

Jahren entstanden. Variationen sind kein neuer Trend, sondern die Wiederentdeckung des weltweiten Hangs zum Individualismus.

Schließlich und endlich dachten dann auch wir über die wichtige Frage nach, die sich jedem ernsthaften Martini-Trinker früher oder später stellt: Wann ist die beste Zeit, einen Martini zu genießen?

In Ernest Hemingways *Inseln im Strom* schien es dafür nie zu früh oder zu spät:

»... [Thomas Hudson] sah auf die Uhr. ›Warum trinken wir nicht schnell einen?‹

›Ausgezeichnet. Ich könnte einen vertragen‹, [erwiderte Roger.]

›Es ist noch keine Zwölf.‹

›Ich finde nicht, daß das irgendeinen Unterschied macht. Du bist mit der Arbeit fertig, und ich habe Urlaub. Aber wir können ja bis zwölf Uhr warten, wenn das deine Regel ist.‹

›Einverstanden.‹

›Ich halte mich übrigens auch immer an diese Regel. An manchen Morgen ist sie allerdings ziemlich lästig, wenn dir nach einem Drink zumute ist.‹

›Dann brechen wir sie doch‹, schlug Thomas Hudson vor. ›Ich bin immer schrecklich aufgeregt, wenn ich weiß, daß ich sie sehen werde‹, erklärte er.

›Ich weiß.‹

›Joe, rief Roger. ›Bring uns den Shaker und die Zutaten für Martinis.‹

›Ja, Sir. Ich habe sie bereits gemischt.‹

›Warum denn schon so früh? Hältst du uns etwa für Säufer?‹

›Nein, Sir. Mr. Roger. Ich dachte nur, daß Sie sich den leeren Magen dafür extra aufgehoben haben.‹«

Ein Lateinprofessor aus Cambridge ging ins Mill Pub, setzte sich an die Bar und rief dem Wirt zu: »Einen Martinus, bitte.«

»Sie meinen wohl Martini, Sir«, berichtigte ihn der Wirt, während er einen Shaker holte.

Ungehalten erwiderte der Professor: »Wenn ich mehr als einen möchte, dann sage ich Ihnen das schon.«

Für einen Cocktail ist es nie zu früh.

Noël Coward

MARTINI ZEN
Die Kunst, einen Martini zu mixen

So so, Sie wissen also schon, wie man einen guten Martini mixt? Offen gesagt: gut ist nicht gut genug. Denn Sie wollen doch den besten Martini mixen, der je das Innere eines gut gekühlten langstieligen Cocktailglases benetzte. Sie wollen nicht einfach nur einen perfekten Martini (siehe Seite 52), Sie wollen den Martini in Perfektion. Nein? Sie mixen ihn zum ersten Mal und wollen einfach nur, daß Ihre Verabredung für diesen Abend – die in zehn Minuten zum Cocktail eintreffen wird – glaubt, Sie wüßten, wie's geht? Wie auch immer – lesen Sie weiter.

Das erste, was Sie sich merken müssen, ist, daß ein Martini aus sehr wenigen Zutaten besteht, nämlich Gin (oder Wodka), Vermouth (oder einem adäquaten Ersatz), Garnierung und Eis. Für das Mixen benötigen Sie einen Cocktailshaker oder ein Rührglas mit Barlöffel, ein Spiralsieb (oder ›Strainer‹), langstielige Gläser und Cocktailspieße oder Zahnstocher. Das war's. Durch die richtige Dosierung und Handhabung dieser wenigen

Dinge werden Sie flüssigen Samt zaubern – anstatt eines Drinks, nach dem Sie sogar Briefmarken ablecken würden, nur um seinen Geschmack wieder aus dem Mund zu bekommen. Darum geht es bei Martini Zen.

Vier Todsünden beim Zubereiten und Trinken von Martini

Wenn Sie ein meisterhafter Martinimixer werden wollen, vermeiden Sie bitte die folgenden vier Dinge als Gast wie auch als verantwortungsvoller Gastgeber und Hüter von Glück und Gesundheit Ihrer Gäste:

Todsünde Nr. 1: Sie verwenden nicht die besten Zutaten, die Sie sich leisten können. Beimischungen wie Soda, Tonic oder Saft können ein Vielzahl von Sünden kaschieren, vor allem, wenn sie den größten Anteil eines Drinks ausmachen. Bei einem Martini ist das nicht der Fall. Der Geschmack dieses Cocktails hängt einzig und allein von der Qualität seiner wenigen Zutaten ab. Diese sind nun mal hauptsächlich Spirituosen, und wenn sie nicht gut sind, wird es auch der Martini nicht.

Todsünde Nr. 2: Thekenspiele. Heben Sie sich Ihre Barspielchen für weniger alkoholische Getränke wie Gin Tonic oder Bier auf. Das wäre ja so, als würden Sie in einem Edel-Rover Motor-Cross fahren. Lustig wäre es sicher – aber was für eine Verschwendung!

Todsünde Nr. 3: Das Verwenden von Mixzubehör aus Aluminium. In Verbindung mit Säuren (wie Zitronenöl oder -saft) zersetzt sich Aluminium sehr schnell und fügt dem Cocktail seinen typischen Eigengeschmack hinzu: die flüssige Version von Schokoladeneinwickelpapier. Kupfer und, wie manche sagen, auch Silber haben den gleichen Effekt. (Wobei wir glauben, daß sich bei letzterem lediglich die Oxidschicht in Ihren Drink wäscht.) Halten Sie sich an Mixzubehör aus Glas oder rostfreiem

Stahl – dann schmeckt Ihr Martini garantiert nur nach seinen Zutaten.

Todsünde Nr. 4: Das Ausüben gewisser körperlicher Aktivitäten. Jeder wird Sie ermahnen, sich unter Alkoholeinfluß ja nicht ans Steuer zu setzen, und wir schließen uns dieser Warnung natürlich an. Zusätzlich jedoch möchten wir von folgenden Aktivitäten nach dem Genuß von Martinis abraten: das Fahren auf Rollerblades, Snowboards oder jeglicher Art von Skiern, das Herumfuchteln mit blanken Samuraischwertern, Darts-Werfen mit verbundenen Augen, Seiltanzen in Schlittschuhen, Ringen mit Alligatoren, das Herumkauen auf Elektrokabeln, Schwimmen, das Ausfüllen Ihrer Steuererklärung, Waldhorn-Blasen, Barfußlaufen auf heißen Kohlen, Dauerbesetzung des Karaoke-Mikrofons und alles andere, was Ihrem gesunden Menschenverstand in nüchternem Zustand widerstreben würde.

Wenn Sie diese Einschränkungen für übertrieben halten, werden Sie sich freuen zu erfahren, daß es auch eine Aktivität gibt, die den ausgiebigen Genuß von Martinis zur Bedingung hat. Reisen Sie auf die Philippinen und schließen Sie sich den Eingeborenen zur Jagd auf giftige Seeschlangen an. Ehe sie in die Korallenriffe tauchen, stärken sich die Taucher durch unmäßiges Trinken, da sie glauben, eine hohe Alkoholkonzentration im Blut schütze vor dem ansonsten tödlichen Biß der Seeschlange.

Kleiner Leitfaden für den Mix-Neuling

Bis Sie in der Lage sind, die Mengen Ihrer Cocktailzutaten wie ein Profi mittels Augenmaß und Gefühl aufeinander abzustimmen, schadet es nicht, ein Gläschen mit Füllmarkierungen für 30 ml und 15 ml sowie einen Tee- und einen Eßlöffel in Ihrer Hausbar bereitliegen zu haben. Außerdem sollten Sie sich einige immer wieder vorkommende Begriffe merken:

1 Spritzer/Prise	= 1/3 Teelöffel (TL)
1 Schuß	= 7,5 ml
1 Eßlöffel	= 15 ml
1 Gläschen	= 30 ml
1 kleiner Meßbecher	= 45 ml
Zitronenschale (Twist)	= ein etwa 0,5-2 cm mal 3-6 cm großes Stückchen Zitronenschale
kleiner Martini	= 60 ml Martini
Standard-Martini	= 90 ml Martini
großer Martini	= 120 ml Martini
doppelter Martini	= 240 ml Martini*
pur oder gut gekühlt	= ohne Eiswürfel
auf Eis (on the rocks)	= mit Eiswürfeln

* Heben Sie den Zahnstocher auf. Wählen Sie damit die Nummer der ortsansässigen AA-Gruppe.

Einschenken wie ein Profi

Haben Sie je den Film *Cocktail* gesehen? Ja? Und sah Ihre Küche danach auch wie ein Schweinestall aus? Nun ja, die Shaker im Film waren zugeklebt, die Flaschen versiegelt, und wer weiß schon, wie viele Einstellungen tatsächlich nötig waren, um diese Rüttel-Schüttel-Hoppla-Ho-Wurf-Szenen einwandfrei hinzukriegen. Beim Eingießen jedoch konnten die Schauspieler nicht mogeln, und mit ein bißchen Übung schaffen Sie das sicher auch bald so elegant.

Zunächst gehen Sie hin und kaufen sich in der Haushaltswarenabteilung solche Flaschenausgießer, wie sie in Bars verwendet werden. Dann füllen Sie zu Hause eine

Flasche mit Wasser und stecken einen der Ausgießer drauf. Fassen Sie die Flasche am Hals und drehen Sie sie über einem kleinen Meßbecher senkrecht auf den Kopf. Während die 45 ml in den Becher laufen, zählen Sie bis vier (oder fünf, je nachdem). Nun versuchen Sie dasselbe über einem normalen Glas. Leeren Sie den Inhalt dieses Glases in den Meßbecher, um zu sehen, wie dicht Sie dran waren. Sie können sich darauf einstellen, daß Sie etwa einhundert Versuche brauchen, bis Sie diesen Handgriff einigermaßen beherrschen (deshalb sollen Sie ja auch mit Wasser üben). Danach können Sie Ihre Fertigkeiten leicht auf 1 Schuß (bis eins zählen), 1 Spritzer und 1 Tropfen erweitern.

Meisterhaftes Mixen

James Kelly, Erster Barkeeper des *Four Seasons Restaurant* in New York – und einer der besten Barmixer der Welt –, führte uns seine Methode des Martinimixens vor. Zuerst füllte er einen Glasshaker mit Gin und Vermouth, dann rührte er die Mischung exakt einundzwanzig Sekunden lang in schnellem Tempo um. Zwar sah er dabei nie selbst auf die Uhr, aber wir stoppten seine Zeit heimlich, während er diesen Vorgang dreimal wiederholte.

Die erste und oberste Regel beim Schütteln lautet: Vergewissern Sie sich, daß der Deckel fest geschlossen ist. (Tun Sie das bitte jedesmal, denn im Gegensatz zu Spaghetti, deren Bißfestigkeit Sie daran ablesen können, ob sie an der Wand kleben bleiben, nützt Ihnen Martini an der Wand überhaupt nichts.) Halten Sie den Shaker leicht schräg und schütteln Sie ihn mit sanften Auf- und Abwärtsbewegungen. Bei zu heftigem Schütteln splittern zu viele Eiswürfelstückchen ab und verwässern Ihren Drink.

Kontrollieren des Alkoholgehalts

Es ist relativ einfach, einen Martini stärker oder schwächer zu mixen. Hier ein paar Tips:

– Zerstoßenes Eis schmilzt schneller als Eiswürfel und erhöht den Wassergehalt beim Schütteln.
– Nicht gekühlte Spirituosen haben denselben Effekt: sie lassen das Eis schneller schmelzen.
– Je länger Sie schütteln, desto mehr Eis schmilzt.
– Eisgekühlter Wodka oder Gin und das Mixen ohne Eis machen den Martini stärker, aber bedenken Sie bitte, daß der richtige Grad an Verwässerung auch zum Geschmack beiträgt.

Wahrung des Geschmacks

Sie können literweise besten Wodka oder Gin oder Vermouth im Haus haben, doch wenn Sie Ihre Eiswürfelboxen seit dem Kauf nicht mehr gereinigt haben, ruinieren Sie Ihren Martini, ehe Sie ihn serviert haben. Achten Sie also vor dem Füllen des Shakers mit Eis auf folgende Dinge:

– Haben Sie die Eiswürfelbehälter vor dem Füllen gewaschen?
– Ist das Eis frisch oder kleben die Überreste der vor zwei Monaten eingefrorenen Hackfleischbällchen noch daran?
– Wie schmeckt Ihr Leitungswasser? Hat es einen unangenehmen Eigengeschmack, wird auch Ihr Martini dieses Aroma abbekommen.
– Schmeckt das Eis trotzdem seltsam, hilft möglicherweise ein Päckchen Backpulver im Eisfach.
– Um Glanzlichter zu setzen und Ihre Freunde zu beeindrucken, können Sie alles mögliche in den Eiswürfeln mit einfrieren (aber bitte keine Plastikspinnen!).

Wir bevorzugen z.B. einen Schuß Vermouth oder Cointreau, Blütenblätter oder einen Schuß Preiselbeersaft.

Die Qualität der Garnierung

Hochwertige Oliven oder ein Stück frische Zitronenschale runden den perfekt gemixten Martini auf perfekte Weise ab. Wenn Sie die ultimative Olivengarnierung wünschen, können Sie entweder selbst extra große Oliven über einige Monate in Vermouth einlegen oder aber nach fertig verpackten, in Vermouth statt in Salzlake marinierten Oliven oder Silberzwiebeln suchen. Außerdem gibt es Oliven, die mit Knoblauch, Anchovis, Blauschimmelkäse, Mandeln und sogar Jalapeño-Pfefferschoten gefüllt sind.

Um Zitronenschale in ansehnliche Stückchen zu schneiden, gibt es zwei Methoden. Die eine lernte Jared bei seinem ersten Job als Barmixer in einer Kneipe, wo man die Champagnercocktails mit amerikanischem 2,49 $->Champagner< zubereitete. Er sollte die Enden der Zitrone abschneiden, das Innere durch eine Drehung mit dem Barlöffel herauslösen (hört sich leichter an als es ist), die verbleibende Schale längs halbieren und quer in Streifen schneiden. Voilà: gleichförmige Schalenstückchen bei minimalem Abfall.

Die zweite Methode guckte er sich beim Bartender des Manhattaner *Rainbow Room* ab, als der seine Mittagsschicht vorbereitete. Er nahm nur die frischesten Zitronen, wusch sie vorsichtig ab und löste ungeachtet des verbleibenden Rests so viele große Ovale aus der Schale, wie er beim stückweisen Schälen von oben nach unten bekommen konnte. Seine Schalenstückchen sahen aus wie Mini-Kartoffelchips, mit viel gelber Schale und einer feinen Schicht weißer Haut darunter.

Servieren mit Stil

Ein wichtiger Teil der Martini-Kultur ist die Präsentation: ein absolut sauberes, gekühltes Martiniglas, ein eiskalter Shaker, das Knistern der Eiswürfel, während der Drink langsam eingegossen wird. Auch das ist bei einem Cocktail von großer Bedeutung.

Eine letzte Anmerkung.
Sie können Martinis nicht auf Vorrat zubereiten. Warum das so ist? Nun, der Geschmack verfliegt schneller, als ein erster Flirt an der Bar dauern kann. Mixen Sie also keinen Martini, wenn er nicht sofort getrunken werden soll.

 Von jetzt an gehen Sie Ihren eigenen Weg ins Martini-Nirwana. Sie können aber sicher sein, daß Ihnen beim Zubereiten fast immer jemand über die Schulter gucken und gute Ratschläge geben wird – wie die folgende Geschichte illustriert:
Alle Angehörigen der Royal Canadian Mounted Police tragen ständig ein kleines ledernes Notfallköfferchen mit sich herum. Darin befinden sich Miniaturflaschen mit Gin und Vermouth sowie ein kleiner Metallbecher, ein Barlöffel und ein Zettel mit Gebrauchsanweisung: Falls ein Mountie sich hoffnungslos in der Wildnis verirrt, soll er/sie sich ruhig hinsetzen, den Notfallkoffer öffnen und anfangen, einen Martini zu mixen. Noch ehe der Drink fertig ist, wird garantiert jemand zur Rettung auftauchen und rufen: »Nein, nein, *so* mixt man aber keinen Martini!«

Sehen Sie, beim Mixen ist der Rhythmus das Entscheidende. Schütteln Sie immer in einem bestimmten Rhythmus. Einen

Manhattan schütteln Sie zum Takt eines Foxtrott, einen Bronx zum Takt eines Twostep. Einen Martini aber schütteln Sie immer im Walzertakt.

Nick Charles alias »Der Dünne Mann«

Erklärung der Bildsymbole

Rühren. Füllen Sie den Shaker zur Hälfte mit Eis, geben Sie die Zutaten hinein und rühren Sie alles mindestens 15 Sekunden lang um. Durch Spiralsieb abseihen.

Schütteln. Füllen Sie den Shaker zur Hälfte mit Eis, geben Sie die Zutaten hinein, schließen Sie den Deckel und schütteln Sie mindestens 8 Sekunden lang oder bis der Shaker zu kalt zum Festhalten ist. Durch Spiralsieb abseihen.

Stehen lassen. Füllen Sie den Shaker zur Hälfte mit Eis, geben Sie die Zutaten hinein, schließen Sie den Deckel und lassen Sie das Ganze mindestens 15 Sekunden und höchstens 3 Minuten lang stehen. Durch Spiralsieb abseihen.

Garnierungen

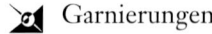

Besondere Tips oder Ratschläge

Variationen

Trinksprüche

Ein Vorteil des Rührens gegenüber dem Schütteln besteht darin, daß das vorsichtige Rühren einen sehr viel klareren Martini ergibt. Durch das Schütteln werden kleine Eisstückchen und Luftbläschen in den Drink gemixt, die ihn leicht trübe machen.

Zubehör:

– Cocktailshaker mit fest schließendem Deckel oder Rührglas und Shaker-Set (Glas und Metall)
– Spiralsieb (Strainer)
– langstieliger Barlöffel
– Martinigläser
– Barlappen (saubere Geschirrhandtücher)
– Schneidebrett
– scharfes Schälmesser
– Eisbehälter und Zange
– zweiseitiger Meßbecher für 30 ml Füllmenge auf der einen und 45 ml auf der anderen Seite (oder ein Glas mit diesen Markierungen)
– Ausgießer (falls gewünscht)
– Cocktailservietten und Zahnstocher

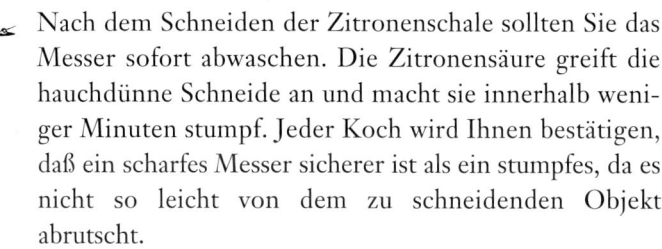 Nach dem Schneiden der Zitronenschale sollten Sie das Messer sofort abwaschen. Die Zitronensäure greift die hauchdünne Schneide an und macht sie innerhalb weniger Minuten stumpf. Jeder Koch wird Ihnen bestätigen, daß ein scharfes Messer sicherer ist als ein stumpfes, da es nicht so leicht von dem zu schneidenden Objekt abrutscht.

ERSTE GARNITUR

Entstehung und Entwicklung des klassischen Martini

Über den Ursprung des Martini wurden mehr intellektuelle Wortgefechte ausgetragen als über jeden anderen Cocktail, und über die Frage nach seiner richtigen Zubereitung sind schon manche Freunde zu Feinden geworden. In einem sind sich allerdings alle einig: das wichtigste bei der Zubereitung und beim Servieren eines Martini ist Stil. Dieser Konsens macht denn auch das sogenannte ›Elixier der Harmonie‹ zum König der Cocktails.

Wie bei jedem Initiationsritus müssen Neulinge ihre Welt der pubertären Saufgelage verlassen und sich auf die Aufnahme in die Welt der edlen Cocktailpartys vorbereiten. Die Veteranen dieser immer größer werdenden Gemeinde sind mit den geheimnisvollen Riten des Mixens vertraut; sie praktizieren ihre Kunst privat wie in der Öffentlichkeit getreu den vorgeschriebenen Regeln. Sie huldigen den besten Drinks. Sie erzählen Geschichten, die von Generation zu Generation über den Ursprung und Aufstieg des Martini weitergegeben wurden. Sie verraten einander die Namen und Fundorte erlesener Martini-Heiligtümer, die sie im Verlauf ihres Lebens entdeckt haben.

Die Top Ten der angeblichen Martini-Erfinder:

1. J. P. A. Martini, Paris, 1763
2. *Parker's Saloon*, Boston, 1850
3. Professor Jerry Thomas, Martinez, Kalifornien, 1852 (oder San Francisco, 1860)

GIN & SIN

Klassische Gin-Martinis

Inwiefern veränderte der holländische Professor Franciscus de la Boë (alias Dr. Sylvius) die Welt, als er in seinem Labor der Universität von Leiden den klaren Wacholderschnaps *Genever* – als Nierentonikum – erfand? Und was veranlaßte die Schnapsfabrikanten Bols und de Kuyper & Zoon, das Elixier des Professors – ein Destillat aus vergorener Gerste, Mais, Roggen und Wacholderbeeren – faßweise herzustellen und in Steinkrügen zu verkaufen? Uns interessiert an diesem ›weiten Feld‹ der Geschichte des Gin nur das, was man das Vorspiel zum Martinigenuß nennen könnte.

Wir wissen, daß die Franzosen sich in das Wacholderbeeraroma verliebten und das Rezept mit Kräutern zu ihrer eigenen Version verfeinerten: *Genièvre*. Und wir ziehen den Hut vor Großbritanniens einzigem niederländischen Herrscher, Wilhelm von Oranien, der den *Genever* (bald abgekürzt zu *Gen)* über den Kanal holte.

In London kreierten ehrgeizige Schnapsbrenner durch den Zusatz würziger Kräuter eine trockenere Version, die sie *Dry Gin* nannten. Die Stadt raste vor Begeisterung. Von Dover bis Plymouth schossen Gindestillen wie Pilze aus dem Boden, während die Nachfrage nach Gin immer weiter anstieg. Hersteller wie Sir Felix Booth erlangten Reichtum und Berühmtheit. (Im Jahr 1829 investierte Booth 17 000 Pfund in James Ross' Arktis-Expedition. Der Entdecker dankte seinem Wohltäter, indem er den nördlichsten Teil des kanadischen Festlands nach ihm benannte: Boothia-Halbinsel.)

Als Queen Victoria den britischen Thron bestieg, hatten

Schnapsbrennereien wie Bombay bereits über fünfundsiebzig Jahre damit zugebracht, den Geschmack sowie den Destillationsvorgang des Gin zu verbessern. Anders als bei süßeren *Old Tom Gins* sprach der Geschmack der trockenen Ginarten eher diejenigen an, die ihr Getränk mit Bitter Lemon oder Tonic mischen wollten.

»Gin war für sie wie Muttermilch«, erzählte Eliza Doolittle in George Bernard Shaws Schauspiel *Pygmalion* (oder *My Fair Lady*) vor versammelten Viktorianern über ihre Tante. Londons Ginpaläste waren voll von Arbeitslosen, die ihre Sorgen über die Armut in Gin zu ertränken versuchten – oftmals vermischt mit Milch. Besorgte Bürger wie Premierminister William Ewart Gladstone versuchten, den Exzessen mit Gesetzen entgegenzuwirken, und William Booth gründete die Heilsarmee zur Befreiung guter Männer und Frauen aus den Fängen von ›Mutters Ruin‹, wie der Gin auch genannt wurde.

Die von der Regierung erlassenen Gesetze zur Herstellung und zum Verkauf von Alkohol schränkten dessen Konsum kaum ein, allerdings verbesserten sie deutlich seine Qualität: konnten die Fuselfabrikanten sich dem neuen Standard nicht anpassen, mußten sie ihre Brennereien schließen. Infolgedessen tranken nur noch diejenigen Leute Gin, die sich hohe Qualität auch leisten konnten. Gin wurde zu einer Art Modegetränk der guten Gesellschaft.

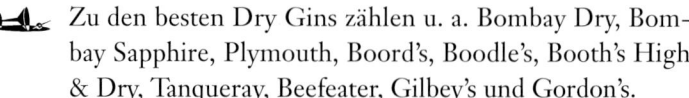 Zu den besten Dry Gins zählen u. a. Bombay Dry, Bombay Sapphire, Plymouth, Boord's, Boodle's, Booth's High & Dry, Tanqueray, Beefeater, Gilbey's und Gordon's.

London Dry Gin wird heute mit über einem Dutzend Kräutern und Gewürzen versetzt. Außer Wacholderbeeren enthält er u. a. herbe und süße Orangen, Zimt, Bittermandel, Kalmus, Fenchel, Anis, Kümmel, Zitrone, Kassia und Muskatnuß.

PINK GIN

 Stehen lassen
120 ml Plymouth Gin
6 Tropfen Angostura Bitters

Glas mit Angostura ausschwenken
und Gin einfüllen, bis das
Getränk sich rosa färbt.

 Im Krieg von 1812 prosteten die Londoner Feldmarschall Wellingtons Armee mit ihrem Nationalgetränk zu: Dry Gin. Es war die historische Glanzzeit des Gin. Die meisten Briten tranken ihn pur, einige Wohlhabende jedoch gossen ihn in Gläser, die sie zuvor mit dem neuesten Import aus Frankreich bzw. Italien benetzt hatten: Vermouth (Wermut). So wurden ›Gin-and-French‹ bzw. ›Gin-and-It‹ zu angesehenen Drinks.

Während das britische Imperium sich immer weiter ausdehnte, brachten die Offiziere der königlichen Armee mehr und mehr Gin-Rezepte nach Hause. Der britische General Charles George (›China‹) Gordon trank Gin Slings (Gin mit Zitronensaft und Zucker), während er in Khartoum seines Schicksals harrte. Die in Indien und Afrika stationierten Regimenter peppten ihre Malaria-Prophylaxe Chinin mit einer kräftigen Dosis Gin auf. Und die Königliche Marine trank Pink Gin, um die durch das tropische Klima bedingten Verdauungsbeschwerden zu lindern.

Als der Weltumsegler Sir Francis Chichester 1966 auf seiner 16-Meter-Jacht in 107 Tagen ganz allein und nonstop von Plymouth nach Sydney segelte, stärkte er sich angeblich mit Pink Gin. Und das offensichtlich mit Erfolg, denn für den Rückweg um Kap Hoorn blieb er bei diesem Rezept (für 116 Tage).

Sind Pink Gin und ›Gin-and-It‹ also die Vorfahren des Martini? (Einige Briten benutzen noch immer den Ausdruck ›Gin-and-It‹, wenn sie einen Dry Martini bestellen.) Um diesen Anspruch zu prüfen, folgten wir der Spur über den Kanal nach Frankreich.

J. P. A. MARTINI'S MARTINI

Jean Paul Aegide Martini zugeschrieben

 Stehen lassen
60 ml Genièvre
30 ml trockener Weißwein
1 Prise Zimt

Gute trockene Weißweine sind
z.B. Pouilly-Fuissé, Bordeaux Blanc,
Fumé Blanc und Sauvignon Blanc.

 Eine weitere, J. P. A. Martini zugeschriebene Kreation heißt **Martini Verboten** und besteht aus 60 ml Genièvre und 30 ml Apfelessig.

Johann Paul Aegius Schwartzendorf ist der einzige Kandidat unter den Martinierfindern, der weder Barmixer noch Schnapsfabrikant war. Er wurde am 1. September 1741 in Freistadt geboren und war ein musikalisches Wunderkind – bereits im Alter von zehn Jahren spielte er als Organist in einem Jesuitenseminar. Seine Biographen berichten, daß der talentierte Johann irgendwann um 1758 nach Hause zurückkehrte und dort eine böse Stiefmutter vorfand. Ganz und gar nicht erfreut über diese Wendung des Schicksals kehrte der Musiker seiner Heimat für immer den Rücken und machte sich auf, Glück und Reichtum in Frankreich zu finden, obwohl er weder die Sprache verstand, noch einen Pfennig in der Tasche hatte. Schwartzendorf freundete sich in Nancy mit dem Orgelbauer Dupont an, der ihm riet, seinen Namen in Jean Paul Aegide Martini zu ändern. (Italienische Komponisten waren seinerzeit höchst beliebt.) Drei Jahre später holten ihn Glück und Reichtum ein: Martini wurde zum Hofkomponisten König Stanislas' ernannt, der in Lunéville residierte.

Sein Mentor verstarb zwar wenige Jahre später, aber das Schicksal meinte es wieder gut mit Martini. Er gewann den begehrten Wettbewerb um die Komposition eines Marsches für die Schweizer Garde und wurde so der Star von Paris. Danach komponierte er noch einige populäre leichte Opern sowie eine Kantate für die Hochzeitszeremonie von Kaiser Napoleon und wurde Dirigent des Théâtre Feydeau.

Trotz seiner religiösen Erziehung benahm Martini sich kaum anders als seine französischen Künstlerkollegen und zechte sich durch die zahlreichen Lokale der Seinestadt. Eine biographische Notiz besagt, sein Lieblingsgetränk sei eine Mischung aus Genièvre mit trockenem Weißwein gewesen, das seine Freunde später nach ihm benannten.

Im Gegensatz zu vielen seiner Zeitgenossen, die sich ganz der ›Lebe gut – stirb jung‹-Philosophie vieler Absinth-Trinker hingaben, lebte Martini mit seinen Martinis bis zum hohen Alter von fünfundsiebzig Jahren. Die Legende besagt, daß nach seinem Tod im Jahr 1816 viele Musiker und Künstler des Montmartre Martinis Lieblingsgetränk verlangten und später, auf ihrer eigenen Suche nach Glück und Reichtum, das Rezept in die Neue Welt exportierten.

Wie gut, daß Martini seinen Namen änderte. Stellen Sie sich vor, Sie müßten immer rufen: »Hey, Barkeeper, könnten wir wohl noch eine Runde extra trockene Schwartzendorfs bekommen?« Wer sollte das nach zwei Runden noch fehlerfrei aussprechen …?

MARTINEZ
Professor Jerry Thomas zugeschrieben

Schütteln	Zitronenscheibe
60 ml Old Tom Gin	
15 ml Martini & Rossi Extra Dry Vermouth	
2 Spritzer Maraschino-Likör	
3 Tropfen Bogart's Orange Bitters	

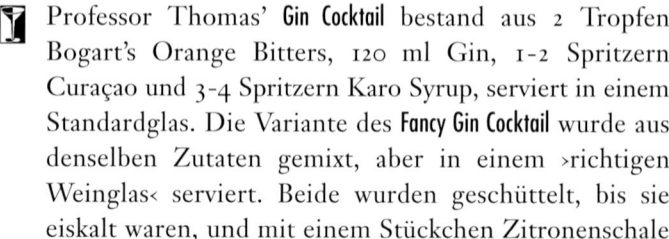

Professor Thomas' **Gin Cocktail** bestand aus 2 Tropfen Bogart's Orange Bitters, 120 ml Gin, 1-2 Spritzern Curaçao und 3-4 Spritzern Karo Syrup, serviert in einem Standardglas. Die Variante des **Fancy Gin Cocktail** wurde aus denselben Zutaten gemixt, aber in einem ›richtigen Weinglas‹ serviert. Beide wurden geschüttelt, bis sie eiskalt waren, und mit einem Stückchen Zitronenschale garniert.

Für **Harry Johnson's Martini** mixte man zu gleichen Teilen Old Tom Gin und Vermouth (von beidem etwa ein halbes Weinglas) sowie 1 Spritzer Curaçao, 2 Spritzer Boker's Bitters und 2 Spritzer Sirup.

Viele Historiker sehen den Ursprung des Martini in der Kreation des Manhattaner Barmixers Professor Jerry Thomas: dem Martinez. Merkwürdigerweise sind in der

1862er Ausgabe von Thomas' *The Bartender's Guide and Bon Vivant's Companion* weder der Martini noch der Martinez als Rezept aufgeführt.

Gin Cocktails und Fancy Gin Cocktails gab es schon seit 1845, und Thomas' Rezepte waren dem des Martinez sehr ähnlich. Im Jahr 1887 nahm er ihn schließlich in seine überarbeitete Version auf. Dem Geschmack der Zeit entsprechend, enthielten viktorianische Cocktails normalerweise auch süße Bestandteile wie Zuckersirup oder Likör. Erfand Thomas diese süßen Cocktails auf Gin-Basis? Schon 1850 mischten Barmixer im *Parker's Saloon* in Boston Gin-Cocktails zusammen, und 1856 wurde ein Gin-Cocktail auf der Getränkekarte des *Mart Ackerman's Saloon* in Toronto aufgeführt. Wenn Thomas den Martinez zwischen 1860 und 1862 während seiner Zeit im Occidental Hotel in San Francisco erfand, so ist es verwunderlich, daß er ihn in der ersten Ausgabe seines Buches nicht erwähnte. (Lassen Sie sich deswegen aber nicht von einer Pilgerfahrt nach Martinez in Kalifornien abbringen, denn dort bekommen Sie noch immer einen sehr guten Martini serviert.) Vielleicht war Professor Thomas aber einfach ein genialer Importeur. Nach seiner Europareise 1859 stellte er den berühmten britischen Cocktail Tom & Jerry als seine eigene Kreation vor – möglicherweise hatte er den Martini damals auch im Gepäck.

Beim Servieren seiner Cocktails war Professor Thomas für seine Show berühmt. Henry Asbury schrieb: »Sogar in Europa wurde [Jerry Thomas] als Meister seines Fachs anerkannt; 1859 besuchte er Liverpool, Southampton, London und Paris mitsamt seines herrlich glänzenden Mixzubehörs aus massivem Silber, das er sich für 4000 $ hatte anfertigen lassen, und versetzte die gelangweilten

Trinker der Alten Welt mit virtuosen Mixkünsten in höchstes Erstaunen.«

Ein Zeitgenosse Thomas', der New Yorker Barmixer Harry Johnson, besaß nicht dessen zirkusgemäßen Sinn für Clownerien, sondern übte und lehrte schlicht die Kunst des Mixens. Die erste Ausgabe seines Drink-Rezeptbuchs mit dem Titel *New and Improved Illustrated Bartender's Manual or How to Mix Drinks of the Present Style* veröffentlichte er 1882. Es enthält unter mehreren hundert Rezepten, Zubereitungsarten und Serviervorschlägen auch detaillierte Angaben zum Mixen eines Martinez wie auch eines Martini. Laut einiger Getränkehistoriker war dies der erste nachweisliche Gebrauch des Namens ›Martini‹.

Klassische Liköre, Schnäpse und Sirups:

Kirsche: Maraschino, Cherry Heering, Kirschwasser
Schokolade: Crème de Cacao
Orange: Cointreau, Triple Sec, Grand Marnier, Curaçao, Punt e Mes
Pfefferminz: Crème de Menthe, Peppermint Schnapps
Granatapfel: Grenadine Syrup

MARTINI DI ARMA DI TAGGIA'S MARTINI
kreiert von Signor di Taggia im Knickerbocker Hotel

Schütteln
60 ml Plymouth Gin
60 ml Martini & Rossi Extra-Dry
Vermouth
1 Spritzer Orange Bitters
Zitronenschale und eine grüne Olive

Die Olivengarnierung wurde angeblich vom Manhattaner Bartender Robert Agneau hinzugefügt, der damit den groben Geschmack des amerikanischen Gin zu überdecken suchte.

Der **Knickerbocker** – so benannt nach dem Manhattaner Hotel – enthält zusätzlich 15 ml süßen Vermouth.

Eine weitere Geschichte um den Ursprung des Martini wird von einem Barmixer des Knickerbocker Hotel erzählt: Martini di Arma di Taggia erfand im Jahr 1910 den Martini angeblich für seinen berühmtesten Gast, John D. Rockefeller. So bestellte der Ölbaron normalerweise ›Gin-and-French‹, aber der Barmann bot ihm seine Orangen-Variante an. Die *Heublein Company* verkaufte bereits fertig gemixten Martini, und auch *Martini & Rossi* wurde dessen Kreation zugeschrieben: der Schriftsteller H. L. Mencken, der auch einen großen Medienschwindel über die Ursprünge der Badewanne verbreitet hatte, setzte dieses Gerücht in die Welt.

Sicher ist jedoch, daß der Martini bereits Jahre vor Mr. di Taggias Mixkünsten vor die Hunde ging, oder besser gesagt: vor die Richter einer Hundeausstellung. Die Unterlagen hierzu sind in der Speisekartensammlung der New York Public Library verwahrt. Auf einem Bankettmenu des Hotels Flanders am 22. November 1899 für die Richter einer Hundeausstellung aus Philadelphia wurden im ersten Gang Blue Point-Austern und Martini Cock-

tails serviert. Die Bankettgäste verspeisten außerdem
Potage à la Reine (Gemüsecremesuppe), zu der Amontil-
lado gereicht wurde, Terrapin (Dosenschildkröte) mit
Roederer Brut 1893 Champagner, Saddle of Venison
(Rehrücken) mit Moët et Chandon Brut Imperial Champagne, geröstete Ente, gebackenen Maisbrei mit Römi-
schem Lattich, Brie und Stilton-Käse sowie eine Eis-
bombe, zu der diverse Liköre gereicht wurden. (Und
dann wundert man sich, warum die Menschen heutzutage
länger leben.)

H. P. W.

kreiert von Charlie im New York Racquet Club

Schütteln
30 ml Plymouth Gin
60 ml Martini & Rossi Extra-Dry
Vermouth

Orangenscheibe

Dem gleichnamigen Standard-Martini des **Racquet Club** wurden außerdem 6 Tropfen Bogart's Orange Bitters hinzugefügt.
Für den **Old Army** mischte man 60 ml Gin, 30 ml italienischen Vermouth sowie 2 Zitronen- und 1 Orangen-
schalenstückchen im Shaker. Der Drink wurde mit einer
Silberzwiebel garniert.

Man mag Gebäude, Bibliotheken oder gar öffentliche
Schwimmbäder nach Ihnen benennen – Unsterblichkeit
aber erlangen Sie mit Gewißheit nur, wenn nach Ihnen
ein Drink benannt wird. Um die Jahrhundertwende
waren Martinis auf Banketten, in Hotelbars, gehobenen
Speiselokalen und Herrenclubs der letzte Schrei. Ein

Mitglied des angesehenen *New York Racquet Club* wurde durch einen Martini mit seinen Initialen besonders geehrt: Harry Payne Whitney hatte das ansehnliche Vermögen seines Vaters und dessen Vorliebe für Pferderennen geerbt. (Später bediente sich auch die Kunstwelt seines Namens: das Whitney Museum of American Art wurde nach ihm benannt.)

Charlie, der berühmte Barmixer des *Racquet Club*, wollte nicht zulassen, daß sein Chef oder sein Club durch Rockefeller und di Taggia ausgestochen wurden. Seine trockenere Martini-Version erreichte zwar vor Ort nicht die erwünschte Nachfrage – damals zogen die Amerikaner süßere Cocktails vor –, doch der H. P. W. wurde von den Liebhabern des Dry Gin in London sehr geschätzt.

GIBSON

kreiert von Charlie Connolly im Player's Club

 Schütteln
60 ml Old Tom Gin
60 ml Martini & Rossi Extra-Dry
Vermouth

Silberzwiebel

Im **Murphy** wurde die Silberzwiebel lediglich durch eine Radieschenscheibe ersetzt.

Unsere eigene Variante **Dirty Gibson** besteht aus 60 ml Bombay Sapphire Gin, 30 ml Martini & Rossi Extra-Dry Vermouth sowie 1 TL Cocktailzwiebel-Lake. Schütteln und mit einer Silberzwiebel garnieren.

Sie fragen sich, wo Sie den Namen ›Gibson‹ für einen Cocktail schon mal gehört haben? Das ist der Drink, den

Roger Thornhill (Cary Grant) im Film *Der unsichtbare Dritte* auf seiner Zugfahrt im Speisewagen anstelle seines üblichen Martini bestellt. Über seine Erfindung kursieren diverse Gerüchte. Unser bevorzugtes (und das glaubwürdigste) besagt, daß der Gibson nach Charles Dana Gibson benannt ist, dem berühmten Illustrator und Erfinder der langbeinigen ›Gibson Girls‹.

Es heißt, daß Gibson sich in den Jahren 1891 bis 1903 gern mit seinen Freunden zu den Happy Hour-Cocktails im *Player's Club* traf. Allerdings wollte er diese Trinkrunden mit einem klaren Kopf verlassen, um an seiner jeweils aktuellen Titelseitenzeichnung weiterarbeiten zu können. Also sprach er sich mit Barmixer Charlie Connolly ab, der ihm statt eines Martini einfach nur Eiswasser einschenken und ›seinen‹ Drink dann mit einer Silberzwiebel kennzeichnen sollte. Gibsons Freunde waren nicht dumm – sie entdeckten zwar seinen Trick nicht, dafür aber die Silberzwiebel als trendige Garnierung. Bald bestellten sich alle ihre Martinis mit Zwiebel und benannten diese Variante nach ihrem Freund. Ein weiteres Gerücht besagt, daß die Garnierung mit zwei Silberzwiebeln den körperlichen Reizen der Gibson Girls Tribut zollte.

Ein anderer Gast des *Player's Club*, der Schauspieler Cyril Cusick, bestellte den Gibson in der *Murphy's Bar* in Dublin, wo der findige Wirt (dem die Silberzwiebeln gerade ausgegangen waren) statt dessen eine Radieschenscheibe an den Drink steckte. So entstand der ›Murphy‹.

SIDECAR

kreiert von Harry in Harry's New York Bar

 Schütteln
60 ml Boord's Gin
60 ml Brandy

1 Spritzer frisch gepreßter
Zitronensaft

 **Harry's White Lady** bestand aus 60 ml Dry Gin, 30 ml Cointreau, 1 Schuß Zitronensaft und 1 TL geschlagenem Eiweiß.

Der **Clover Club** in Philadelphia servierte als Drink des Hauses ein ähnliches Rezept, in dem der Cointreau durch 2 TL Himbeer- oder Grenadine-Sirup ersetzt wurde. Für den **Clover Club No. 1** verwandte man 1 Schuß Grenadine und 1 Spritzer Zitronensaft.

Für die Variante **Clover Leaf** wurden dieselben Zutaten wie beim Sidecar plus 2 Stengel Pfefferminze vermischt und mit Pfefferminzblättern garniert.

Etwa um das Jahr 1911 wanderte ein Manhattaner Barmixer namens Harry nach Frankreich aus und eröffnete im 2. Arrondissement von Paris, in der Rue Daunau Nr. 5, sein eigenes Lokal. *Harry's New York Bar* wurde bald ein beliebter Treffpunkt weltoffener Pariser, neureicher amerikanischer Touristen und kreativer Emigranten wie Ernest Hemingway und F. Scott Fitzgerald, die in fremden Ländern nach Inspiration suchten und in Paris landeten.

Harrys treue Anhänger fanden sich gegen elf Uhr vormittags zu einer Runde Frühstücks-Martinis – gemischt mit Noilly Prat Vermouth – bei ihm ein. Nach einigen dieser Muntermacher wechselten die Gäste zu Harrys anderen Spezial-Cocktails über: White Lady und Sidecar.

GLOOM RAISER

kreiert von Robert im Royal Automobile Club

 Schütteln | Zitronenschale
60 ml Booth's High & Dry Gin
30 ml Noilly Prat Vermouth
2 Spritzer Grenadine
2 Spritzer Absinth

 Roberts **Yellow Rattler** hatte viel mit dem H. P. W. und dem Gibson gemein. Er bestand aus 30 ml Vermouth, 30 ml Dry Gin, 1 Spritzer Orange Bitters und einer ›kleinen zerquetschten weißen Zwiebel‹ als Dekoration.

Harry MacElhones **Monkey's Gland** wurde aus 30 ml Dry Gin, 30 ml frisch gepreßtem Orangensaft und je 2 TL Grenadine und Absinth (oder Pernod) gemischt. In manchen Kreisen nannte man dieses Getränk auch **Yokohama**.

Um 1921 hielt ein Drink an den Stränden von Deauville Einzug, der nach einem Schwergewichts-Boxchampion benannt war. Der **Dempsey** bestand aus 60 ml Calvados, 1 TL Grenadine und 2 Spritzern Absinth (oder Pernod).

Einer der berühmten Londoner ›Gentlemen-Mixer‹ war Robert, der zwischen den Weltkriegen im *Criterion* und dem *Embassy Club* arbeitete und ein Buch mit dem Titel *Cocktails: How to Mix them* verfaßte. Als er um das Jahr 1915 herum den *Royal Automobile Club* mit seinen Künsten beehrte, erfand Robert den Gloom Raiser – die erste von vielen weiteren Cocktailkreationen, wie z.B. der Princess Mary (Gin und Crème de Cacao mit Schlagsahne obendrauf), dem Katerkiller Gin Fizz für den Morgen danach und dem Yellow Rattler, den er als ›Cowboy's Cocktail‹ bezeichnete.

Um dieselbe Zeit erfand der Barmixer Harry MacElhone im *Ciro's Club* seinen eigenen Yellow Rattler, den er ›Monkey's Gland‹ nannte. Keiner weiß, warum MacElhone ihm diesen ungewöhnlichen Namen gab, aber es hatte anscheinend auch keiner etwas dagegen einzuwenden, eine ›Affendrüse‹ als Cocktail zu bestellen. In Londons West End-Schickeria, an den Ferienstränden von Deauville und in den nahegelegenen Casinos von Monte Carlo war er – zumindest nach Kriegsende – ›der Drink‹.

Wie hält man eigentlich ein Martiniglas?

Ein Freund von mir formulierte es so: »Das kommt ganz darauf an. Ein Barmixer bestand einmal darauf, daß jeder Martini so kalt wie das Herz seiner Ex-Frau zu sein habe und ›am Hals gepackt‹ werden müsse.

Mein ehemaliger Chef faßte seinen Martini mit abgestrecktem kleinen Finger, was für einen Gentleman mit Schwergewichtlerfigur eine seltsam gezierte Geste darstellte. Später fand ich heraus, daß er seinen kleinen Finger mal gebrochen hatte und deshalb nicht abknicken konnte. (Da hörte ich auf, ihn nachzuäffen.)

Eine Salonlöwin schlug die sinnliche Variante vor, den Stiel behutsam zwischen Daumen und Zeigefinger zu fassen ›– nicht so hoch oben, daß man die eisige Kälte darin pulsieren spürte, sondern genau dort, wo die Feuchtigkeit die Fingerspitzen liebkost.‹«

Anders als ein Cognacschwenker, der einen kurzen Stiel hat und dessen bauchiger Körper sich so in die Hand schmiegt, daß man durch die eigene Körpertemperatur den Inhalt erwärmt (und so den feinen Geschmack weckt), ist ein Martiniglas derart geformt, daß der Drink darin kalt bleibt – aber eben nur, wenn man es am Stiel hält.

STAR

Ivor Novello zugeschrieben

Rühren
30 ml Booth's Gin
30 ml Calvados

1 Spritzer Noilly Prat Vermouth
1 Spritzer Martini & Rossi Extra-Dry Vermouth
1 Spritzer Grapefruitsaft

Im *Nassau Gun Club* in Princeton gab es eine eigene Variante des **Star**, ohne die Vermouths und den Grapefruitsaft. In der *American Bar* in Londons berühmtem Savoy Hotel mixte man ebenfalls eine eigene Version, den **Rolls Royce**, bei dem der Grapefruitsaft durch Benedictine ersetzt wurde.

Der **Arnaud** (benannt nach der Bühnenschauspielerin Yvonne Arnaud), der auch in dem *Booth's*-Büchlein steht, bestand aus gleichen Teilen Dry Gin, Extra-Dry Vermouth und Crème de Cassis.

Die schicken jungen Leute, vor allem entwurzelte reiche Junggesellen und wohlhabende junge Witwen, die nach dem Ersten Weltkrieg durch die Bars von London und Paris zogen, waren Teil einer ›verlorenen‹ , durch den Krieg desillusionierten Generation. Diese nur auf das Jetzt fixierte Meute ertränkte ihre tiefe Hoffnungslosigkeit in Martinis und anderen Cocktailvariationen der Barmixer des Jazz Age, deren Anzahl die Experten auf ungefähr 7000 schätzten.

Für diejenigen, die sich die teuren Barbesuche nicht leisten konnten, gab es Hunderte von Cocktailbüchern mit Rezepten zum Selbermixen. Ein von der Firma *Booth's Gin* herausgegebenes Büchlein – *An Anthology of Cocktails, together with Selected Observations by a distinguished gather-*

ing, and diverse Thoughts for Great Occasions – war eines davon, das britische Berühmtheiten aus Theater, Sport und Gesellschaft mit ihren Lieblingsgetränken, Aussprüchen und Anekdoten vorstellte. Ivor Novello, Idol der West End-Theaterszene und Hauptdarsteller in zwei frühen Alfred Hitchcock-Filmen, trug zu dieser Sammlung den ›Star‹ bei, der ihr absoluter Hit werden sollte.

Es dauerte einige Jahre, bis der Drink auch auf der anderen Seite des Atlantiks Begeisterungsstürme auslöste. Prohibitionistin Carrie Norton hatte in den 1880ern eine Massenbewegung gegründet, die die gottesfürchtigen Amerikaner vor dem Übel des Alkohols warnen sollte. Die öffentliche Meinung schwenkte auf die Abstinenzidee ein, obwohl Präsident Woodrow Wilson sich dagegen ausgesprochen hatte. Die Gesetze sorgten hier also noch eine Weile dafür, daß quasi der Daumen auf dem Korken des bald aufschäumenden Cocktailzeitalters blieb.

Die Büffel-Hypothese (eine bislang unbewiesene und zweifelhafte Theorie)

Eine Herde Büffel zieht nur so schnell durch die Landschaft wie ihr langsamster Büffel – ebenso arbeitet auch das menschliche Gehirn nur so schnell wie seine langsamste Gehirnzelle.

Die langsamsten Büffel sind die kranken und schwachen, die schließlich Raubtieren zum Opfer fallen und so die Herde nicht länger behindern.

So wie die Büffel werden die schwachen oder langsamen menschlichen Gehirnzellen durch den exzessiven Genuß von Martini getötet, und das Gehirn kann daraufhin besser und schneller arbeiten.

Fazit: Feiern Sie bis zum Umfallen! Denn Saufen macht schlau.

THE PRINCETON

 Schütteln
60 ml Gordon's Gin
15 ml Cinzano Dry Vermouth
15 ml Rose's Lime Cordial

Limettenscheibe

 Der nach einem Stück von Noël Coward benannte **Fallen Angel** besteht aus 60 ml Gordon's Gin, 30 ml Zitronensaft und ¹/₂ TL Crème de Menthe.

Um sich von ihren Studienkollegen in New Jersey zu unterscheiden, wollten die Studenten der **Yale** Universität ihren Gin nicht mehr durch Vermouth ›abschwächen‹. Sie fügten statt dessen 2 Spritzer Orange Bitters und 1 Spritzer Angostura hinzu.

In einer nach der Prohibition entstandenen Variante des **Princeton** wurden 60 ml Old Tom Gin, 1 Schuß Portwein und 2 Spritzer Orange Bitters vermischt und mit einem Stückchen Zitronenschale garniert.

Eine unakademische Variante – der **Hudson River** – bestand zu gleichen Teilen aus Gin und Apfelcidre mit 1 Spritzer Angostura Bitters und einer gerösteten Mandel als Garnierung.

Ein beliebtes Getränk der Jazzfans in Chinatowns Kneipen war der **Hong Kong Special** aus gleichen Teilen Gin und Noilly Prat Vermouth, 1 Spritzer Angostura und einer Zuckerstange (je nach Geschmack).

Als die Qualität des Gin besser wurde, bestellten Stammgäste den **Bennett**: 90 ml Gin, 30 ml Limettensaft und 1 Spritzer Angostura Bitters.

In den Hotels, Casinos und Herrenclubs von Paris, Berlin und London rasselten die Cocktailshaker. Europa habe »freizügige Trinkgewohnheiten«, verkündete der amerikanische Abstinenzlerführer Reverend Daniel Dorchester zu Beginn der Roaring Twenties. Nachdem am 16. Januar 1920 der achtzehnte Zusatzartikel der Verfassung in Kraft getreten war, mußten Amerikaner ihre Fizzes, Rickeys, Slings und Martinis heimlich (oder im Ausland) trinken. Das Verbot von Verkauf, Herstellung und Import alkoholischer Getränke machte aus aufrechten Amerikanern Gesetzesbrecher und rief eine Gegenkultur aus Gangstern, Alkoholschmugglern, leichten Mädchen und Playboys hervor.

Viele Amerikaner fanden Wege, Alkohol illegal zu organisieren. Schmuggler schlichen über die kanadische Grenze, und Schwarzbrenner versorgten das durstige Amerika mit dem begehrten Fusel. Speziell designte Flachmänner wurden zum modischen Accessoire. In verrauchten ›Flüsterkneipen‹ – wo die Unterwelt Schulter an Schulter mit der reichen Gesellschaft stand – und den Lokalen gerissener Geschäftsleute war man beim Austricksen der Gesetzeshüter erfinderisch: Cocktails wurden in Kaffeetassen serviert und dreh- oder versenkbare Barregale konstruiert.

Auch Studenten der Ivy League – der Edeluniversitäten – nutzten ihre Chemiekenntnisse und destillierten eigenen illegalen Schnaps. Das Ganze hatte allerdings einen Haken. Ohne die kontrollierte Herstellung der geheimen Zusammensetzungen durch Großfabrikanten schmeckte das illegale Gebräu meist nach aufgelösten Schnürsenkeln. (Die Amateur-Chemiker mischten Industriealkohol mit Glyzerin und Wacholderbeeröl.) Die Studenten der Princeton University entwickelten ein paar geschmackvolle Varianten, indem sie ihre Martinis mit gesüßtem Limettensaft, Portwein oder Orange Bitters verfeinerten.

Das Geschäft der Restaurants litt nach dem Zusammenbruch der Börse im Jahr 1922 schwer, doch die Prohibition trieb die Mitgliederzahlen privater Clubs in die Höhe. Diese Bastionen der gesellschaftlichen Elite hatten sich vor dem Inkrafttreten des Prohibitionsgesetzes heimlich einen Vorrat an importiertem Alkohol zugelegt, mit dem sich vierzehn Jahre überbrücken ließen, und ihre Mitglieder zahlten bereitwillig jeden noch so hohen Preis, um ihre Lieblingsgetränke zu bekommen.

Die Künstler und Intellektuellen der ›Lost Generation‹ schienen reichlich Zugang zu den Alkoholvorräten der Unterwelt zu haben. In jener Zeit schrieb die Schriftstellerin und Journalistin des *New Yorker*, Dorothy Parker, ihre berühmte Martini-Huldigung:

> *Ich trinke gern Martinis,*
> *doch sind zwei genug serviert,*
> *denn nach dreien lieg ich unterm Tisch*
> *und nach vieren unterm Wirt.*

Vielleicht begann es damit, daß der New Yorker Theaterkritiker Alexander Woollcott vor versammelten Freunden einen einstündigen Verriß zelebrierte – danach hielt sich der berüchtigte Mittagstreff rebellischer junger Intellektueller am runden Tisch des Algonquin Hotel über zehn Jahre lang. Dorothy Parker, Dramatiker George S. Kaufman, Schriftsteller Robert Benchley (von dem angeblich der Ausspruch stammte: »Nehmt mir meine nassen Klamotten ab und gebt mir einen trockenen Martini.«) und Dramatiker Noël Coward (dessen Stücke *Fallen Angels* und *The Vortex* um das Thema Cocktails kreisen) trafen sich täglich zum Mittagessen. Am ›Roundtable‹ im ersten Stock – dort, wo der Thanatopsis Club Poker spielte (denn es war nicht gesetzwidrig, zu Hause oder im Hotelzimmer Alkohol zu trinken) – ließen sie denkwürdige Anzüglichkeiten und giftige Anspielungen los und tranken dabei Martinis. Weitere Treffpunkte waren *Tony's* – eine Flüsterkneipe an der West 52nd Street – und der originale >21<-*Club*, der an seinem ursprünglichen Standort in Greenwich Village noch *Red Head* hieß, ehe er später nach Midtown umzog.

Auch bei den privaten Treffen der Gruppe auf Neshobe Island in Vermont spielten Cocktails eine große Rolle. »Das Dinner auf der Insel war nur ein Teil des allabendlichen Rituals«, erinnerte sich Roundtable-Mitglied Harpo Marx. »Die erste Zeremonie am Ende des Tages, zu der sich alle im Clubhaus versammelten, waren die Cocktails.«

Ein gelegentlicher Gast des Roundtable, P. G. Wodehouse, mischte ebenfalls ein paar Martinis unter die zeitgenössische Literatur, indem er den liebenswerten britischen Playboy Bertie Wooster kreierte, der sich vor jedem formellen Abendessen mit einigen trockenen Martinis stärkte, die sein Butler Jeeves meisterhaft gemixt hatte.

Trotz ihrer Predigten über Hölle und Verdammnis fiel es den axtschwingenden amerikanischen Antialkoholikern, die für die Prohibition gestimmt hatten, reichlich schwer, die Allgemeinheit von ihrem Amüsement abzuhalten. Das Eigenartige an dem Gesetz war ja, daß es zwar Herstellung und Verkauf alkoholischer Getränke verbot, nicht aber deren Genuß. Alles, was vor Inkrafttreten des Gesetzes gekauft – oder angeblich gekauft – worden war, durfte also legal getrunken werden.

Auf diese Weise entstanden nur schwach getarnte Finten wie das >Blinde Schwein<: Ein Biergarten oder eine Frei-

luftbar wurde eingerichtet, und die Gäste zahlten fünfzehn Cents, um ein blindes Schwein oder eine ähnlich
unspektakuläre Attraktion am Ende der Bar zu sehen.
Mit dem Eintrittsgeld war natürlich ein Freigetränk ver-
bunden. Glücklicherweise faßte sich 1933 ein amerikanischer Politiker ein Herz und schaffte den achtzehnten
Zusatzartikel ab, damit der Gin in Amerikas Kneipen und
auch in seinem eigenen Haus wieder frei fließen konnte:
dem Weißen Haus.

*Wie Groucho Marx behauptete, hatte W. C. Fields auf seinem
Dachboden Schnaps im Wert von etwa 50 000 $ gelagert.
»Weißt du denn nicht, daß die Prohibition aufgehoben ist?«
fragte Groucho. Fields erwiderte: »Na ja, sie kann ja immer
wieder eingeführt werden.«*

*»Neulich beim Angeln ist mir was Seltsames passiert«, erzählt
der Angler seinen Freunden. »Ich hatte einen erstklassigen
Uferplatz unter einer Weide gefunden, eine Kühltasche mit
allen Zutaten dabei und mir gerade einen perfekten Martini
gemixt, als ich merkte, daß ich die Köder vergessen hatte. In
diesem Augenblick entdeckte ich eine kleine Schlange, die mit
einer großen Elritze im Maul aus dem Wasser glitt. Ich fing
sie und nahm ihr die Elritze weg, um sie als Köder zu benutzen. Aber dann bekam ich ein schlechtes Gewissen, weil ich der
Schlange das Frühstück gestohlen hatte, und träufelte ein paar
Tropfen Martini in ihr Maul, ehe ich sie wieder freiließ. Eine
halbe Stunde später spürte ich etwas an meinem Bein, und als
ich hinuntersah, war da wieder die Schlange, die mir noch drei
Elritzen anbrachte.«*

DIRTY MARTINI

Schütteln
37,5 ml Plymouth Gin
52,5 ml Argentine Vermouth
1 TL Olivenlake
eine gefüllte grüne Olive

Glasrand vor dem Eingießen und
Garnieren mit Zitronenschale
einreiben.

Haben Sie sich je gefragt, warum Franklin Delano
Roosevelt solch ein beliebter Präsident war? Na gut, da
waren seine Sozialreformen des New Deal, das Ende der
Depression, seine arbeiterfreundliche Innenpolitik, sein
warmherziges und offenes Wesen und seine eindrucks-
volle physische Konstitution. Vor allem aber schaffte
Roosevelt die Prohibition ab und mixte den ersten lega-
len postprohibitionären Martini, wobei er ein Talent
bewies, das nur wenige Präsidenten besaßen. Noël
Coward beschrieb das Ereignis folgendermaßen:
»[Roosevelts] Arbeitszimmer war bezeichnend für ihn. Es
war bescheiden und stilvoll eingerichtet … der Schreib-
tisch solide und geschäftsmäßig, obwohl er momentan
keinerlei Staatsangelegenheiten aufwies, denn er war
über und über mit Cocktail-Zubehör bedeckt. Da standen Flaschen, Gläser in verschiedenen Größen für Short-
und Longdrinks, Teller mit Oliven und Nüssen und
Käsestäbchen, ein Eiskübel, ein Tablett mit Zitronen und
einer Presse, ein Schälchen brauner Zucker, zwei Sorten
Bitters und ein eindrucksvoller silberner Shaker. Mit all
diesen Gegenständen hantierte der Präsident äußerst
geschickt; seine Hände … griffen nie vorbei, auch wenn
er gerade einmal nicht hinsah. Er war ganz offensichtlich
stolz auf seine Geschicklichkeit als Barmixer, und dazu
hatte er tatsächlich allen Grund …«

Während seiner Amtszeit schwang Roosevelt seinen Cocktailshaker für viele Staatsoberhäupter und andere angesehene Gäste. Er selbst bevorzugte Old Fashioneds und Dirty Martinis, aber angeblich variierte er gelegentlich auch und fügte seinem Martini einen Spritzer Orangen- oder Grapefruitsaft oder Anisette hinzu.

Ich wußte nicht, was ein Dirty Martini ist, aber zwei sehr attraktive Frauen etwas weiter hinten an der Bar bestellten sich welche. Dabei zwinkerten sie dem Barkeeper jedesmal anzüglich zu und grinsten. Ich war sicher, auf irgendein geheimes Signal der Sado-Maso-Szene gestoßen zu sein, als ich aus dem Augenwinkel beobachtete, wie der Barmann die Drinks zubereitete, gab er doch immer einen Löffelvoll irgendeiner undefinierbaren klaren Flüssigkeit in die Gläser! Ich vermute, daß die Damen mein Entsetzen bemerkten, denn sie wiesen den Mann an, auch mir einen solchen Cocktail zu mixen. Ertappt! Ich spielte mit dem Gedanken, mich aus dem Staub zu machen, aber die Neugier siegte. Dann wußte ich nicht, ob ich erleichtert oder enttäuscht sein sollte, als ich feststellte, daß es ein normaler Martini mit einer Extraportion Olivenlake war. Jedenfalls schmeckte er verdammt gut!

DER ASTORIA

kreiert von Oscar im Waldorf-Astoria Hotel

Schütteln | 2 Spritzer Abbott's Orange Bitters
30 ml Old Tom Gin |
60 ml Noilly Prat Vermouth |

In anderen Variationen der dreißiger Jahre, wie etwa dem **Polo Mallet**, wurden dem Astoria-Rezept 1 Spritzer

Angostura Bitters und als Garnierung eine Silberzwiebel hinzugefügt.

Im **Crest o' The Wave** ersetzte man den Orange Bitters durch Angostura und fügte 6 Tropfen Crème de Menthe sowie eine Pfefferminzblatt-Kirschen-Garnitur hinzu.

Für den **Blenton** vermischte man gleiche Teile Gin und Vermouth mit 1 Spritzer Angostura Bitters.

Denjenigen, die es lieber süß mochten, boten Barmixer den **Sweet Martini** an, bestehend aus 60 ml Gin, 22,5 ml süßem Vermouth und einer Garnierung aus Orangen-schale. Gelegentlich wurde der Vermouth auch durch Marsala oder süßen Sherry ersetzt.

Der **Merry Widow** bestand aus gleichen Teilen Gin und Dubonnet Blanc plus 1 Spritzer Orange Bitters.

Für den **Flying Dutchman** wurde der Standardmischung aus Gin und Vermouth noch 1 Schuß Curaçao hinzugefügt.

Dank Präsident Roosevelt konnte das Cocktailzeitalter sich in den restlichen dreißiger Jahren zur vollen Blüte entfalten. In allen Staaten wurden Cocktailbars und Nachtclubs eröffnet und ersetzten die Saloons und Stadt-hallentreffs. Die meisten Menschen konnten es sich finanziell nicht leisten, viel zu trinken, dennoch wollten sie denkwürdige Drinks, um den Depressions-Blues fort-zuspülen. Barkeeper wie Oscar vom Waldorf-Astoria in New York und Robert vom *Criterion Club* in London ent-wickelten ausgefeilte Cocktailkarten mit hundertfachen Martini-Variationen.

Eisenbahngesellschaften stellten professionelle Barmixer ein, die ihre Reisenden in den eleganten Clubwaggons bedienten. Der Orient Express war nicht der einzige Luxus-Reisezug der Welt. Der britische Dramatiker und Komponist Noël Coward reiste häufig quer durch die

Staaten: mit einem Zug der Twentieth Century Limited von New York nach Chicago und von dort aus weiter mit dem Super Chief nach Los Angeles. Und wie seine Mitreisenden – Millionäre, Schauspieler und Schriftsteller – genoß auch er die Vorzüge des amerikanischen Bahnservice:

»Die überaus luxuriöse Reise von New York nach Chicago im ›Twentieth Century‹; der rote Teppich auf dem Bahnsteig; die unterwürfigen farbigen Träger in ihren weißen Uniformen; der tiefe Lehnsessel im Clubwaggon; der überaus trockene Martini Dry vor dem Abendessen; das Abendessen selbst, das perfekt serviert wird und in seiner unendlichen Vielfalt so weit von den dumpfen Speisewagengedecken unserer lieben Southern [British] Railway entfernt ist …«

Doch die erblühende Cocktailkultur war nicht nur auf Lokale, Eisenbahnwaggons und Hotel-Lounges beschränkt, in denen diese Art von Leuten täglich Hof hielt. Art Deco-Cocktailschränkchen, ausgefallene Cocktailshaker, Gläser in diversen Größen und Formen, Cocktailstäbchen und anderes Mixzubehör waren in einem gut eingerichteten Haus ebenso wichtig wie Sofa, Sessel und Geschirr. Die Fähigkeit eines Gentleman, in seinem eigenen Haus einen Martini zu mixen, galt als ein Zeichen von Anstand, Kultur und Geschmack an den schönen Dingen des Lebens – als Zeichen dafür, daß dieser Mensch es zu etwas bringen konnte.

BRONX

 Schütteln
90 ml Old Tom Gin
15 ml Martini & Rossi Extra-Dry
Vermouth

15 ml Martini & Rossi Sweet
Vermouth

 Barmixer des *Nassau Gun Club* in Princeton, New Jersey, fügten ihrem **Gun Club Bronx** vor dem Schütteln 1 Schuß frisch gepreßten Orangensaft oder einen Orangenschnitz hinzu. Andere Barmänner nannten diese Variante **Bronx Express**.

Eine einfache, aber keineswegs schlichte Variante – aus 60 ml Booth's Gin, je 30 ml Noilly Prat Vermouth und Orangensaft sowie 4 Spritzer Curaçao – wurde nach dem amerikanischen Cowboy-Philosophen und Schauspieler **Will Rogers** benannt.

Für den wegen seines Namens und seines Rezepts bei den Damen sehr beliebten **Chorus Lady** wurden Gin, trockener und süßer Vermouth sowie frisch gepreßter Orangensaft zu gleichen Teilen vermischt und mit einer Orangenscheibe garniert.

Eine weitere beliebte Martini-Mischung der Dreißiger war der Bronx – so benannt nach dem New Yorker Zoo. Es gab ihn bereits im Ersten Weltkrieg, und seine spezielle Komposition aus Gin mit trockenem und süßem Vermouth hatte ebenso viele Varianten wie Namen. In seinem Buch *The Art of Mixing* von 1932 nannte der Autor John H. Wiley seine Mixtur – aus gleichen Teilen Gin und italienischem sowie französischem Vermouth – ›Lone Tree‹.

THE CLASSIC AMERICAN DRY MARTINI

Rühren
60 ml Gordon's Gin
30 ml Martini & Rossi Extra-Dry
Vermouth
1 Spritzer Bogart's Orange Bitters

gefüllte grüne Olive oder
Zitronenschale

Für den hauseigenen Martini der Blue Bar des Algonquin Hotels wurde der Bitters durch Pernod ersetzt.

In den Dreißigern und Vierzigern enthielt ein Medium Martini 60 ml Gin und je 30 ml französischen und italienischen Vermouth.

Der Schriftsteller Ernest Hemingway bevorzugte den staubtrockenen Montgomery: 90 ml Gin auf 1 TL italienischen Vermouth.

Stammgäste des *Nassau Gun Club* tranken ihren Perfect Martini nach klassischem Rezept: 120 ml Gin, je 30 ml französischer und italienischer Vermouth und 1 Spritzer Bogart's Orange Bitters. Mutigere Gäste bestellten einen Pall Mall, für den noch 1 TL weiße Crème de Menthe in den Shaker geträufelt wurde.

Der auf Cocktailpartys beliebte Boomerang bestand aus gleichen Teilen Gin und französischem sowie italienischem Vermouth mit 1 Spritzer Angostura Bitters und wurde mit einer Maraschinokirsche garniert.

Seit seiner Entstehung hat sich das bevorzugte Mischverhältnis von Gin zu Vermouth in einem Martini radikal geändert. Die Martiniliebhaber der Belle Epoque bestellten ihn mit gleichen Teilen Gin und italienischem trockenen Vermouth sowie einem Spritzer Orange Bitters. In der Depressionszeit trank man lieber zwei Teile Gin mit einem Teil Vermouth vermischt. Ein paar Außenseiter allerdings bestellten ihren perfekten Martini im *Nassau Gun Club* als »eine Mischung aus einem Teil italienischem Vermouth mit drei oder vier Teilen Gin sowie dem üblichen Spritzer Bitters«. Doch mit der Zeit verlangte man die Mischungen immer stärker und trockener. Der Grund dafür ist vermutlich, daß die Qualität des amerikanischen Gin immer besser wurde. Vermouth – die normalerweise kostengünstigere und alkoholärmere Zutat – machte den Martini zu einem billigeren und schwächeren Getränk. Weniger Vermouth bedeutete infolgedessen ein exklusiveres und stärkeres Getränk.

Mit Beginn des Zweiten Weltkriegs wurden die Martinis deutlich trockener. Dem Martini Extra-Dry – einer 4:1-Mischung – folgte eine 8:1-Mischung, die 1950 auf den ›Drei-Martini-Geschäftsessen‹ serviert wurde. Heutzutage ist es nicht ungewöhnlich, Martiniliebhaber einen ›Montgomery‹ bestellen zu hören – eine 15:1-Supermischung –, den Ernest Hemingway in seinem Roman *Über den Fluß und in die Wälder* erfand:

»Zwei sehr trockene Martinis«, sagte [Colonel Cantwell]. »Montgomerys. Fünfzehn zu eins.«
Der Ober [von Harry's Bar in Venedig], der in der Wüste dabeigewesen war, lächelte und verschwand …

Hemingway benannte diese Variante nach Feldmarschall Bernard Law Montgomery, Anführer der Britischen Achten Armee während der Nordafrika-Kampagne im Zweiten Weltkrieg. Man sagt, daß Montgomery den Nazigeneral ›Wüstenfuchs‹ Ernst Rommel und seine Männer nur dann angreifen wollte, wenn die Streitkräfte Seiner Majestät dem Feind im Verhältnis 15:1 überlegen waren.

Einige moderne Martinitrinker bevorzugen sogar noch trockenere Mischungen: nichts weiter als »den Schatten der Vermouthflasche« auf ihrem Drink oder nur den Hauch von Vermouth aus einem Zerstäuber. (Wenn Sie einen Parfümzerstäuber mit Vermouth füllen, denken Sie bitte daran, ihn vorher gründlich zu reinigen – sonst gehen Sie noch als der Erfinder des ›Calvin Klein Obsession Martini‹ in die Geschichte ein …)

Rufen Sie meine Mutter an … Abendessen um sieben Uhr im ›21‹. Ich werde dann bereits zwei Martinis getrunken haben, sie braucht sich also nicht mehr von mir anhauchen zu lassen.
Roger Thornhill, Der unsichtbare Dritte

V FOR VICTORY
nach einem Rezept von Winston Churchill

 Schütteln
90 ml Plymouth Gin
 Zitronenschale

Gin in einen mit Eis gefüllten Shaker füllen und schütteln, bis er eiskalt ist. Vor dem Abseihen in Richtung Frankreich verbeugen.

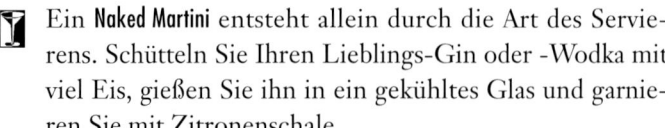 Ein **Naked Martini** entsteht allein durch die Art des Servierens. Schütteln Sie Ihren Lieblings-Gin oder -Wodka mit viel Eis, gießen Sie ihn in ein gekühltes Glas und garnieren Sie mit Zitronenschale.

Im Blitzkrieg von 1940 schlürften die Londoner, die die Verheerungen des Zweiten Weltkriegs vergessen wollten, während der nächtlichen Bombenangriffe Martinis mit Noilly Prat Vermouth. Premierminister Winston Churchill hingegen trank seine Martinis ›nackt‹ – ohne auch nur den geringsten Hauch von Vermouth. Seine Trink- und Zigarrenfestigkeit war in Kriegszeiten ebenso legendär wie sein Siegeszeichen: das mit Zeige- und Mittelfinger emporgehobene ›V‹, begleitet von den ersten vier Tönen von Beethovens Fünfter. Tatsächlich löste Churchill häufig mit ein paar steifen Martinis seine Zunge, ehe er sich eine der berüchtigten Dinnerschlachten mit der Parlamentsabgeordneten Lady Astor lieferte. Cocktails waren im Hause Churchill schon Hauptbestandteil des Menüplans, lange bevor der Premier mit dem Trinken begann. Lady Sara Churchill – die amerikanische Mutter des Premierministers – hatte den ›Manhattan‹ erfunden und nach Großbritannien exportiert.

Ihre Wortgefechte waren berühmt und berüchtigt. Einmal sagte Lady Astor – Churchills Schwiegertochter und außerdem Mitglied des Parlaments – bei einer Dinnerparty zu ihrem Schwiegervater: »Du bist betrunken!« »Und du«, soll er geantwortet haben, »bist häßlich. Morgen früh allerdings bin ich wieder nüchtern.«

TIGHTROPE

nach einem Rezept von Alfred Hitchcock

Schütteln
150 ml Plymouth Gin
Zitronenschale

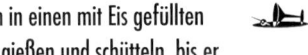

Den Gin in einen mit Eis gefüllten Shaker gießen und schütteln, bis er eiskalt ist. Vor dem Abseihen eine Flasche Vermouth dreimal gegen den Shaker schlagen.

Den **Deano** (oder auch **Dean Martini**) aus 120 ml Dry Gin serviert man mit einer Lucky Strike und Streichholzschachtel.

Der britische Filmregisseur Alfred Hitchcock, der sehr heikel bei der Auswahl seiner Schauspieler war (und mehr noch bei der Wahl seiner Schauspielerinnen), war auch ein äußerst heikler Martinitrinker, der seinen Gaumen nicht dem Geschmack von Vermouth aussetzen wollte. Seine ausladende Statur war wohl zum Teil auf den ausschweifenden Konsum von Essen und Alkohol zurückzuführen, doch wie er selbst sagte:

»Es scheint die allgemeine Überzeugung zu herrschen, daß ich dick bin. Wie ich sehe, teilen Sie meine Belustigung über diese offensichtliche Verzerrung der Wahrheit. Im Moment mag ich ein wenig ausladender erscheinen, aber Sie müssen bedenken, daß dies vor Abzug der Steuern ist.«

Für alle unter Ihnen, die zu den Kalorienzählern gehören, hier eine Übersicht:

Martini	Kalorien	Protein (in g)	Fett (in g)
60 ml Medium Gin-Martini	151	0,0	0,0
60 ml Extra-Dry Gin-Martini	142	0,0	0,0
60 ml Extra-Dry Wodka-Martini	129	0,0	0,0

Offensichtlich kann ein Martini seine schlanke Form hinter einer 262-Kalorien-Piña Colada, einem 215-Kalorien-Wine Cooler oder einem 174-Kalorien-Screwdriver verstecken. Gefüllte Oliven und Cocktailzwiebeln tragen etwa zehn weitere Kalorien bei sowie ein paar Vitamine – die Olive außerdem 0,2 g Fett. Die Zitronenschale allerdings ist – hurra! – ganz und gar kalorienfrei.

Ich jogge nie, sonst verschütte ich meinen Martini.

George Burns

THE EMPIRE MARTINI

kreiert von Paul, dem Barmixer

 Stehen lassen
90 ml Gin-Mischung
(eine 1:1-Mischung aus Gilbey's und
Boord's)
3 Zerstäubernebel Vermouth-Mischung
(3:1-Mischung aus Noilly Prat
Vermouth und Cointreau)
frische spanische Oliven

Shaker und Glas vorher im Eisfach
kühlen. Den Gin mit Eis im
Shaker stehen lassen, den Vermouth
ins Glas sprühen. Dann den Gin ins
Glas seihen.

Es gibt sogar professionelle Barmixer, die auf die ultimativ trockene Mischung stehen. In San Francisco mixt Barkeeper Paul seinen Empire Martini. In Chicago ›poliert‹ Doug Varnes im *Set 'Em Up Joe* seine doppelten Martinis mit einem feinen Sprühnebel aus Vermouth. Aber es kann sogar noch trockener werden. Chris Madison erzählte uns über einen Barmann:

»Als ich Mitte der Siebziger in Los Angeles lebte, wurde ich Augenzeuge einer interessanten Variante. Da war ein ziemlich unangenehmer Typ, der jeden Tag um genau sechs Uhr in meine Lieblingsbar kam und zwei extra trockene Martinis für sich und seine weibliche Begleitung bestellte. Jedesmal beschwerte er sich, sie seien nicht trocken genug. Wir Stammgäste hänselten unseren Barkeeper immer, sobald der Mann gegangen war, bis er ihm eines Abends einen Streich spielte:

Kurz bevor ›Mr. Extra-Dry‹ auftauchte, knüllte der Barkeeper ein kleines Tuch in den Boden des Shakers. (Niemand von uns sah das.) Als unser Spezialist ankam und seine Martinis bestellte, nahm der Barkeeper gelassen den Shaker und füllte vor aller Augen Eis und Gin hinein. Dann griff er die Vermouthflasche und ließ sie einmal um den Shaker kreisen. ›Das sollte trocken genug sein, meinen Sie nicht?‹ fragte er. Mr. Extra-Dry stimmte zu. Der Barkeeper neigte den Shaker zum Eingießen, aber das Tuch hatte fast alle Flüssigkeit aufgesogen, so daß nur ein oder zwei Tropfen herauskamen. ›Ist Ihnen das trocken genug?‹ fragte er. Unnötig zu sagen, daß Mr. Extra-Dry ziemlich verblüfft war und auf der Stelle das Lokal verließ. Er kehrte niemals wieder.«

An der Bar belauscht: »Nein, nein. Ich meine, richtig trocken! Ich will den Staub auf meiner Olive sehen.«

THE PERFECT HATFIELD MARTINI
kreiert von Craig Hatfield

Rühren
60 ml Bombay Sapphire Gin
1 Schuß Martini & Rossi Extra-Dry
Vermouth (falls gewünscht)

Glas und Gin im Eisschrank gründlich kühlen. Den Gin ins Glas gießen und entweder einen Schuß Vermouth hinzufügen oder nur die Flasche über das Glas halten. Wenn Sie den Vermouth dazugeben, rühren Sie die Mischung vorsichtig mit einem Glasstäbchen um. Als Garnierung lassen Sie eine dicke spanische Olive die Glaswand hinunterrollen.

Nicht alle Martiniliebhaber suchen nach dem trockensten Martini der Welt; die meisten von ihnen geben sich mit dem perfekten zufrieden. Einige Kenner bestehen darauf, daß man einen Martini besser rührt als schüttelt, weil sonst der Gin verletzt werde. Wir wissen nicht genau, wie dieses Gerücht entstand, denn es gibt gewiß genügend Beweise dafür, daß Barmixer des viktorianischen und des Cocktail-Zeitalters ihre Mischungen schüttelten.

Vermutlich wurde es in jenen Cocktailbars und Lokalen in die Welt gesetzt, wo in den Fünfzigern die Manager der großen Firmen verkehrten, die ihre Konkurrenz danach beurteilten, wie gut sie zwei oder drei starke Drinks vertrug. Es ist einfach, auf klassische Cocktailbücher zu verweisen, die das Schütteln nur für gewisse Drinks empfahlen, und dann zu behaupten, daß andere gerührt werden müßten. Die Wahrheit ist, daß sie sich einfach nicht die Mühe machten, einen Cocktail zu schütteln, der ohnehin nicht schaumig werden würde. Viele der Cocktails, die sie damals schüttelten, bereiten wir heute in einem Rührglas zu, das wir im Traum nie schütteln würden.

Wir führten gründliche Untersuchungen durch – Schütteln vs. Rühren diverser Mischungen – und konnten keinen Unterschied im Geschmack feststellen. Durch das Schütteln gelangt mehr Wasser in den Cocktail, aber die Vermischung ist definitiv besser und die Kühlung schneller als beim Rühren.

Falls Sie nicht gerade einen selbstgebrauten Vermouth mit viel Bodensatz haben, beeinträchtigt das Schütteln weder das Aroma eines qualitativ hochwertigen Gin, noch den vollendeten Geschmack eines Martini. Wenn Sie außerdem die Ausgießer auf Ihren Flaschen verwenden, werden die Flüssigkeiten ohnehin schon verwirbelt, ehe sie im Shaker ankommen.

Ein Stammgast kam in seine Bar, doch als der Barkeeper einen Shaker hervorholte, schüttelte der Gast finster den Kopf. »Nur ein Glas Wasser. Der Arzt sagt, ich muß die Martinis weglassen und mehr Gemüse essen.« Der Barkeeper zuckte mitleidsvoll mit den Schultern und gab ihm ein Wasser. Der Gast trank es in einem Zug leer, zog ein Glas Oliven hervor und schüttete sie in das leere Glas. »Aber ich sag dir was. Ich glaube, mein Gemüse könnte einen Martini vertragen.«

SOCIAL MARTINI
kreiert von Sara Lennard

 Schütteln (ergibt 4 Portionen)
180 ml Beefeater Gin
60 ml Noilly Prat Vermouth
gefüllte Oliven

Gin und Vermouth auf Eis schütteln. Stehen lassen. Erneut schütteln und in 4 Martinigläser seihen. Die Erfinderin empfahl: »Immer noch einen zweiten vor dem Essen servieren.«

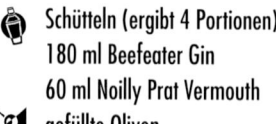

Unsere eigene Variante **Double Tradition** besteht aus 60 ml Gin, 30 ml französischem Vermouth und 1 Spritzer Angostura Bitters. Mit zwei Oliven garnieren. Vorgang wiederholen.

Manche Leute trinken ihren Martini als Aperitif – um vor der Vorspeise den Appetit anzuregen und den Streß des Tages abzuschütteln. Pragmatische Barmixer wie John Burra aber entdeckten einen Weg, ihre Martinis selbst zu Vorspeisen zu machen: »Trinken Sie Ihren Martini mit Ihrem Lieblingsgin, pur oder auf Eis. Stecken Sie eine Olive, kleine Pilze und eine Silberzwiebel auf einen Cocktailspieß, rühren Sie um und essen Sie. Wenn Sie mehr Farbe möchten, stecken Sie an jedes Ende noch ein Stückchen Zitronen- oder Limettenschale.«

BERLIN STATION CHIEF
kreiert von Jeffrey Carlisle & Charles Wharton

 Schütteln
60 ml Bombay Sapphire Gin
15 ml Lagavulin Scotch

Zitronenschale

 Den Scotch auf das Eis gießen, einmal kurz ausschwenken und abseihen. (Falls Sie das für Verschwendung halten, nehmen Sie weniger Scotch und gießen ihn nicht
weg.) Gin hinzufügen und schütteln. Mit der Zitronenschale über den Glasboden reiben und Drink dazugießen.
Ein paar Sekunden stehen lassen, dann die Schale entfer-
nen.
Weitere empfehlenswerte Scotch-Sorten sind Macallan,
Cardhu, Glenmorangie, Glenfiddich, Glenlivet und
Laphroaig.

Für den **Golden Triangle Station Chief** nahm man einen Scotch-
Verschnitt wie Chivas Regal oder Crown Regal.
Im **Paraguay Station Chief** befand sich Bombay Gin anstelle des
Bombay Sapphire.
Für den **Paisley** der Dreißiger fügte man einen Schuß extra
trockenen Vermouth oder Kina Lillet Blanc hinzu.
Der **Miller** – kreiert von Pete Miller – bestand aus 120 ml
Bombay Sapphire Gin, 45 ml extra trockenem Vermouth,
1 Tropfen Macallan Scotch und einer großen Olive – mit
oder ohne Füllung – als Garnierung.

Auch die neuere Literatur dient als Inspiration. Die Bar-
mixer Carlisle und Wharton aus *The Policy Hut* in
Washington, D. C., kreierten frei nach einer Passage aus
Norman Mailers Roman *Das Epos der geheimen Nächte*

(1991) den feinen **Silver Bullet** – einen Martini mit Scotch statt Vermouth:

»[William King Harvey] mischte eine Reihe von Martinis: Er füllte den Shaker mit Eis, goß ein Viertel Inch Scotch hinein, leerte ihn wieder aus und schenkte dann Gin nach … ›Der Scotch bewirkt diesen hastenichgesehn flanellartigen Geschmack. Läßt das Ganze leicht die Kehle runtergleiten‹, [erklärte er.] Er trank sein erstes Glas, schenkte nach und schob mir eins rüber. Das glitt wirklich glatt hinunter. Sanftes Feuer, süßes Eis. Ganz unvermittelt dachte ich, wenn ich je einen Roman schreiben sollte, würde ich ihn *Sanftes Feuer, Süßes Eis* nennen.«

Ich hätte nie von Scotch zu Martinis wechseln sollen.
angeblich Humphrey Bogarts letzte Worte

THE VIRGIN MARTINI

Schütteln
3 Tropfen Angostura Bitters
Eis
3 gefüllte grüne Oliven oder
Zitronenschale

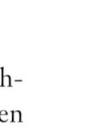

So verhindern Sie den Tennisarm durch exzessives Schütteln: Geben Sie 60 ml Mineralwasser, Zitronen-Limetten-Soda oder Limonade hinzu.

Einmal im Sommer waren wir unterwegs zu einer Hochzeit in der Nähe von Boise, Idaho. Am Flughafen hatten wir uns einen Wagen mit Vierradantrieb gemietet, und jetzt legten wir eine Pause ein, um alle Mitreisenden für die letzten 25 Meilen zu stärken, die der Mann im Büro als steil, kurvenreich und langweilig bezeichnet hatte. Es war Freitagabend und die Hotelbar gut gefüllt, aber wir konnten uns auf ein paar freie Barhocker quetschen.

Wir waren gerade bei der zweiten Runde (mit Ausnahme des Fahrers natürlich), als ein sehr hübsches – aber offensichtlich noch nicht volljähriges – junges Mädchen an die Bar kam. Der Barkeeper bot ihr einen Virgin Martini an, und wir wurden allesamt neugierig.

Er stellte ein Martiniglas auf die Bar, füllte es mit Eis und Wasser, damit es abkühlte, und leerte es wieder aus. Dann ließ er zwei Oliven in das Glas fallen, zerdrückte darüber eine Zitronenscheibe und warf die Schale weg. Er füllte einen Shaker mit Eis, schloß den Deckel und begann zu schütteln. Er schüttelte und schüttelte und schüttelte. Schließlich goß er den Inhalt ins Glas und schob es dem Mädchen zu. »Sehr zum Wohle«, sagte er mit einem Zwinkern in unsere Richtung, »und kommen Sie in ein paar Jahren wieder.«

Aber mal im Ernst. Da ein Hauptmerkmal des Martini im Ritual seiner gewissenhaften Vor- und Zubereitung besteht, ist ein Virgin Martini nicht unbedingt ein Widerspruch. Das richtige Glas, das richtige Zeremoniell, die richtige Garnierung, und schon haben wir einen Martini. Wenn Sie die Hauptzutat des Virgin Martini (Wasser) nicht aus einer Flasche gießen wollen, beschaffen Sie sich eine stilvolle Glas- oder Kristallkaraffe. Schließlich gehört zum Martini auch eine gehörige Portion Romantik; der Alkohol ist beinahe zweitrangig. Vergewissern Sie sich außerdem, daß der Barmixer den Rand des Glases mit einem Stückchen Zitronenschale einreibt: ein Trick, den wir von einem anderen Barkeeper abgeschaut haben.

Bitters? In einen Virgin Martini? Überhaupt in einen Martini? Offensichtlich enthielten schon die frühesten Martinirezepte Bitters. Der meistbekannte, Angostura Bitters, wurde 1824 von einem preußischen Militärchirurgen in Venezuela erfunden, der Simon Bolivars Streitkräfte bei der Befreiung von Südafrika unterstützen wollte. Die Stadt, in der er sich damals gerade befand, hieß Angostura, und sein Gebräu aus Enzianwurzeln trägt bis heute diesen Namen.

Neulich gingen wir los, um eine Flasche Angostura Bitters zu kaufen. (Nein, wir hatten unsere nicht verbraucht – nur irgendwo stehen lassen …) Wir durchstreiften die Gänge unseres Supermarktes mehrere Male, bis wir schließlich aufgaben und den Filialleiter danach fragten. Er führte uns zu einem abschließbaren Schränkchen und zog eine Flasche hervor. Als wir fragten, warum er sie versteckt halte, antwortete er, daß einige Kunden den Angostura aus dem Regal genommen, den Inhalt hinuntergestürzt (immerhin hat er 90 %!) und die leere Flasche zurückgelassen hätten. Haben Sie einen Bitters je pur getrunken? Diese Leute hätte man auf den ersten Schlag entdecken müssen, wie sie sich auf dem Boden winden und das Gesicht so stark zusammenziehen, daß es unter einem Fünfmarkstück Platz gehabt hätte. Unvorstellbar!

Sie wollen das Wort Oxymoron erklären? ›Virgin Martini‹ ist kein schlechter Anfang.

Kennen Sie den von dem Ehepaar, das schon so lange zusammen gewesen war, daß es sich eine zweite Flasche Bitters kaufen mußte?

LIEBESGRÜSSE AUS RUSSLAND

Klassische Wodka-Martinis

Das mittelalterliche Westeuropa war ein düsterer, öder Ort. Der Schwarze Tod und die Entbehrungen durch Kreuzzüge waren nicht das schlimmste – auch der Gin war noch nicht erfunden. Im Gegensatz dazu waren die Osteuropäer wie Russen, Polen und Böhmen des zwölften Jahrhunderts trotz der langen, kalten Winter ein vergnügter Haufen. Sie hatten ein blutreinigendes, nervenstärkendes Tonikum namens *zhinznennia voda* – ›Wasser des Lebens‹. Es war schlicht und ergreifend eine Destillation aus gegorenem Winterweizen (nicht Kartoffeln, wie manche Historiker uns weismachen wollen), dessen Aroma und unangenehme Geschmackseigenschaften durch Kohle herausgefiltert wurden. Doch der Name war einfach zu lang – vor allem im Zustand alkoholischer Benommenheit, die *zapoi* hieß –, so daß das Getränk schließlich einen kürzeren und liebevolleren Namen bekam: Wodka (›liebes, kleines Wasser‹).

In dem mittelalterlichen Wälzer *Die Chronik Rußlands* wurde Prinz Wladimir von Kiew zitiert: »Russen sind fröhlicher, wenn sie trinken – ohne Alkohol wäre ihnen das Leben unerträglich.« Doch noch acht Jahrhunderte später hatte der Wodka nicht die Bedeutung, die Scotch oder Gin in den Vereinigten Staaten erlangten. Er war lediglich ein wenig bekannter als Cynar. (Haben Sie den schon mal probiert? Das ist ein herber Artischockenlikör.) Zu seinem späteren Siegeszug im Westen trugen im wesentlichen sechs Menschen bei.

Der erste war Pierre Smirnoff, der 1818 in Moskau seine Schnapsbrennerei eröffnete. Durch verbesserte Destillation und einen doppelten Filterungsprozeß war Smirnoffs Wodka wohlschmeckender und bald beliebter als andere Wodkasorten. Im Jahr 1886 wurde Smirnoff Hoflieferant der Zarendynastie Romanow. (Sein jährlicher Wodkakonsum kostete den Zaren mehr Rubel als seine Fabergé-Eier!) Als Rußland in den Ersten Weltkrieg eintrat, wurde die Wodkaherstellung verboten, und Smirnoffs Nachkommen flohen ins Exil. Die Bolschewiken wollten ein nüchternes Volk – folglich mußten sich die trinkfesten Künstler und Schriftsteller des Konstruktivismus mit schwarzgebranntem Alkohol zufriedengeben. Im Jahr 1925 wurde das Verbot schließlich aufgehoben, um die inzwischen weit verbreiteten Schwarzbrennereien mit ihren nicht selten tödlichen Produkten auszutrocknen.

Um diese Zeit trafen sich die nächsten beiden Schlüsselfiguren, die zum Ruhm des Wodka beitrugen, in Paris. Wladimir Smirnoff – Pierres ausgewanderter Nachkomme – schloß Freundschaft mit Rudolph Kunett, einem in Amerika eingebürgerten Ukrainer, der den Wodka sehr vermißte. Er kaufte Smirnoffs Namen und das Recht, Wodka in Amerika herzustellen – natürlich erst nach Aufhebung der Prohibition. So gründete Kunett 1934 in Bethel, Connecticut, die amerikanische Smirnoff-Brennerei – aber das Unternehmen ging schief. Die prokapitalistischen Amerikaner ächteten alles, was aus Rußland kam, so daß Kunett seine Brennerei 1939 der Heublein Company verkaufte.

In den fünfziger Jahren sorgten dann ein Roman und eine Flasche Ingwerbier für den Aufstieg des Wodka. Jack Morgan, Besitzer der *Cock 'n Bull Tavern* in Los Angeles, hatte auf einer Englandreise Geschmack an Ingwerbier gefunden. Nach seiner Rückkehr versuchte er sich an einer eigenen Brauerei und stellte faßweise Ingwerbier her – doch keiner wollte es kaufen. Also probierte er diverse Mischungen aus, bis er den ›Moscow Mule‹ erfand: einen Longdrink aus Wodka und Ingwerbier. Der wurde in Kalifornien umgehend ein Hit und verbreitete sich von dort aus über ganz Amerika.

Im Jahr 1952 veröffentlichte der ehemalige britische Geheimdienstmitarbeiter und Journalist Ian Fleming seinen ersten Roman. Für den Namen seiner Hauptfigur ließ er sich von einem Buch über Tropenvögel inspirieren, dessen Autor James Bond hieß. Und für die besonderen Vorlieben des so getauften Geheimagenten griff er teilweise auf seinen persönlichen Geschmack zurück – so auch auf den Wodka-Martini. Im Zweiten Weltkrieg beklagte Fleming die Qualitätseinbußen der Drinks seiner Londoner Lieblingskneipe, der *American Bar* im Savoy Hotel:

»Wenn ich Ihnen sage, daß man im Savoy Hotel die Martinis jetzt aus Badewannen-Gin und Sherry mixt, dann wissen Sie, daß wir uns rapide zum Sumpfleben zurückentwickeln, und schon diese Übergangsphase ist schlichtweg ungenießbar.«

Flemings James Bond-Thriller wurden während des Kalten Krieges schnell zu Bestsellern, und Bonds Vorliebe für Martini wurde zum Symbol der Kultiviertheit – vor allem, als in den Sechzigern die kassenträchtigen Kinoversionen folgten.

Zu Präsident Jimmy Carters Amtszeit galt der ›Drei-Martini-Lunch‹ als eine Art Berufsbonus – eine Steuervergünstigung schlipstragender erfolgreicher Topmanager sozusagen. Irgend etwas konnte da nicht stimmen, denn das Land befand sich zu dieser Zeit mitten in einer schweren Rezession. In den Siebzigern waren harte Drinks ›out‹ und fruchtige Mischungen, Wein und Bier

›in‹. Sowohl Gin als auch Wodka galten als Getränke der wohlhabenden, konservativen Oberschicht – die hippe Disco-Generation trank etwas anderes. Trotz alledem verdrängte der Wodka im Jahr 1975 den Scotch als meistverkaufte Spirituose.

Inmitten des Wirtschaftsbooms der Achtziger gelang es der sechsten Schlüsselfigur, Wodka zum meistverkauften Schnaps ganz Nordamerikas und Europas zu machen. In einer Zeit, als die Leute von allem nur das beste wollten, betonte Michel Roux von *Carillon Importers Ltd* in Werbekampagnen die Eleganz und Kultiviertheit des Wodka und hob seine von Natur aus vielseitige und kreative Einsatzmöglichkeit hervor.

Die Menschen gierten nach den qualitativ besten Produkten internationaler Herkunft: es mußte die beste belgische Schokolade sein, der beste französische Cognac, der beste und rauchigste Single Malt Scotch und der stärkste, eisigste russische Wodka.

Die ›mageren, hageren‹ Neunziger, geprägt vom zunehmenden Wunsch nach geschmackvoller konzentrierter Qualität (im Gegensatz zu maßloser fettreicher Mittelmäßigkeit), förderten auch weiterhin die Beliebtheit des Wodka. Obwohl Wodka-Martinis nicht den langen Stammbaum ihrer Gin-Verwandten aufweisen können, sind sie ein fest etabliertes, modernes Symbol des guten Geschmacks.

 Zu den besten russischen Wodkas gehören Absolut, Moskovskaya, Star of Russia, Priviet, Starka, Smirnoff Black und Kremolyovskaya.

Außerdem empfehlenswert sind die Sorten Fris, Finlandia, Stolichnaya, Tanqueray Sterling, Ketel One, Smirnoff Blue und Skyy.

Entschuldigen Sie, Barkeeper, aber mein Martini ist zu kalt.

Ein Perfektionist fragte einmal, ob er einen Martini auch mit gefrorenem Nitrogen kühlen könne. Das erinnerte uns an folgende Passage aus Martin Cruz Smiths Roman *Polar Star*:

»Im Jahr zuvor hatte ein Fremdenführer ein Gruppe Amerikaner in die [sibirische] Taiga geführt und ein aufwendiges Mittagessen zubereitet, jedoch vergessen, die Wodkaflasche zu drehen. Nach vielen Trinksprüchen mit warmem Tee … goß der Führer den halb gefrorenen und fast schon verklumpten Wodka ein und wollte seinen Gästen zeigen, wie man ihn in einem Zug austrinkt. ›Nämlich so‹, sagte er. Er hob das Glas, trank es leer und fiel tot um. Was der Fremdenführer vergessen hatte, war, daß sibirischer Wodka beinahe hundert Prozent besaß, also fast reiner Alkohol und noch bei einer Temperatur flüssig war, bei der die Speiseröhre gefrieren und das Herz zum sofortigen Stillstand kommen würde. Der Schock allein reichte aus, daß er starb. Natürlich war es traurig, gleichzeitig aber auch zum Brüllen. Stellen Sie sich die armen Amerikaner vor, die um das Lagerfeuer sitzen, ihren russischen Führer ansehen und sagen: ›Das ist wahrhaftig ein sibirisches Picknick.‹«

Fatima Blush: Ich hab' Sie ganz naß gemacht.
James Bond: Ja, aber mein Martini ist immer noch trocken.
                                          Sag niemals nie

Frage: Soll man die Olive vorher essen oder nachher?
Antwort: Vorher. Es ist ungesund, auf leeren Magen zu trinken.

BURNS ON THE ROCKS
frei nach dem Rezept von George Burns

 Rühren
60 ml Smirnoff Wodka
15 ml Noilly Prat Vermouth
 Zitronenschale

Wodka in ein mit Eiswürfeln gefülltes Becherglas gießen, Vermouth hinzufügen, dreimal umrühren und servieren.

Für unsere eigene Variante **Lucky Martini** 90 ml Wodka mit 7 Tropfen französischem Vermouth mischen. Sieben- bis elfmal vorsichtig im Uhrzeigersinn umrühren und mit 3 eiskalten Spielwürfeln garnieren.

Der Komiker George Burns wurde in einem Interview einmal gefragt, ob er mit seinen dreiundneunzig Jahren das Gefühl habe nachzulassen. Er erwiderte: »Ich merke da schon ein paar Dinge, zum Beispiel … wenn ich Rauchringe blase, sind sie kleiner und nicht mehr so rund wie früher. Und wenn ich einen Martini trinke, vertrage ich anstatt zwei Oliven nur noch eine.« Für Burns gehörte der Wodka-Martini ›on the rocks‹ ebenso zum täglichen Ritual wie das Kartenspielen, Zigarrenrauchen, Trainieren und das Nachmittagsschläfchen. In seinem Leben lernte er alle Größen des Showbusiness kennen: George Jessel (der angeblich die Bloody Mary erfand, weil er den Geruch des kartoffeligen Wodkas nicht ertragen konnte), Dean Martin, Frank Sinatra und W. C. Fields (der täglich zwei Martinis vor dem Frühstück trank).
Eine Geschichte besagt, daß Burns seinen Freund Fields traf, nachdem der ein striktes Alkoholverbot erteilt bekommen hatte. Fields erklärte: »Tja, George, alter Freund, du hast richtig gehört. Es stimmt, daß ich nicht mehr trinke … Aber ich trinke auch nicht weniger.«

Der Journalist Hugh Pickett erinnert sich an einen Besuch hinter der Bühne im Jahr 1986, der das bestätigt: »George trug eine Smokinghose und ein weißes Hemd und mixte Martinis – eine tödliche Mischung, wie ich bezeugen kann. Ich trank zwei, ebenso wie er, und dann ging er nach draußen und brachte ein ausverkauftes Haus zum Johlen, ohne auch nur ein Stichwort oder einen Schritt beim Steptanz zu verpatzen.«

THE VESPER

nach dem Rezept von Ian Fleming

Schütteln
90 ml Plymouth Gin
30 ml Moskovskaya Wodka
15 ml Kina Lillet Blanc
Zitronenschale

Wir servierten unseren Silvestergästen diesen Martini in Rotweingläsern, die seinen charakteristischen Zitronengeschmack gut zur Geltung brachten und das Verkleckern erschwerten (was den Leuten nach ein, zwei Drinks allerdings trotzdem gelang).

Unsere persönliche Variante heißt Liebesgrüße aus Moskau. Dazu mischt man James Bonds präzisen Angaben zufolge 30 ml Bombay Sapphire Gin, 60 ml Absolut Wodka und 15 ml Kina Lillet Blanc. Selbstverständlich wird dieser Martini geschüttelt, bis er eiskalt ist, und mit einem Stückchen Zitronenschale garniert.

Das *Merchant's* in New York bietet einen James Bond Martini an: 90 ml Tanqueray Gin, 30 ml Smirnoff Wodka und 15 ml Kina Lillet Blanc. Vor dem Einfüllen der Zutaten in den Shaker das Eis mit Martini & Rossi Extra-Dry Vermouth vorspülen.

Ebenso wie sein viktorianischer Vorgänger des 19. Jahrhunderts, Sherlock Holmes, verkörperte James Bond moderne Kultiviertheit und Know-how. Fleming, der selbst ein notorischer Wodkatrinker war (man sagt, 1 Liter pro Tag), charakterisierte Bonds untadeligen Geschmack für Speisen und Getränke auf den Seiten seines ersten Thrillers *Casino Royale*.

Der Vesper – so benannt nach der Heldin der Geschichte, Vesper Lynd – war Bonds (und Flemings) höchst eigenes Rezept für einen Wodka-Martini Medium Dry. Die Wahl der richtigen Wodka- und Vermouth-Sorte spielte eine große Rolle: Getreidewodkas (aus Rußland) wurden Kartoffelwodkas (aus Polen) vorgezogen, und Kina Lillet Blanc (ein französischer Aperitif ähnlich dem Vermouth) trat an die Stelle der populären italienischen Vermouths wie Cinzano oder Martini & Rossi. Bond bestand darauf, daß sein Cocktail geschüttelt und nicht gerührt und mit einem großen Stück Zitronenschale in einem Champagnerglas serviert wurde. Für den Kulturforscher faszinierend ist natürlich, daß im Deutschen der berühmte Bond-Ausspruch, wie jeder weiß, »gerührt, nicht geschüttelt« lautet. Dem Trinkerlebnis tut diese Umkehrung jedoch keinen Abbruch.

Obwohl der Vesper nie wieder erwähnt wurde (als Vesper starb, schien mit ihr auch der Name zu sterben), trank Bond in den folgenden Romanen sowie in fast jedem der zwanzig Verfilmungen mit Sean Connery, George Lazenby, Roger Moore, Timothy Dalton und Pierce Brosnan in der Hauptrolle mindestens einmal seinen Martini.

Warum blieb Bond in einer Zeit, in der jede Woche neue Trends entstehen und vergehen, so populär? Weil er den Wunsch nach Qualität, Geschmack und Abenteuer verkörpert – genau das, was Männer und Frauen von heute inmitten des alltäglichen Chaos und Streß suchen. Wie James Bond in *Casino Royale* sagte: »Ich trinke nie mehr als einen Drink vor dem Abendessen. Aber diesen einen hätte ich gerne sehr groß und sehr stark und sehr kalt und sehr gut gemixt. Ich hasse kleine Portionen, vor allem, wenn sie schlecht schmecken.« Dem gibt es nichts weiter hinzuzufügen.

»Einen trockenen Martini, bitte«, sagte [Bond]. »Einen. In einem tiefen Champagnerkelch … Drei Teile Gordon's, einen Teil Wodka und einen halben Teil Kina Lillet. Schütteln Sie das Ganze, bis es eiskalt ist und garnieren Sie mit einer dünnen Scheibe Zitronenschale. Haben Sie das?«

Ian Fleming, Casino Royale

LUCKY JIM

nach dem Rezept von Kingsley Amis

 Rühren
60 ml Absolut Wodka
1 TL Cinzano Dry Vermouth
1 Schuß Gurkensaft

 Gurkenscheiben

 Im *Lola's* bekommen Sie einen **Joe Average** aus 60 ml Stolichnaya Wodka und 1 Schuß Pimm's No. 1 Cup (ein herber, aromatisierter Gin), garniert mit einer Gurken- und einer Zitronenscheibe.

Das *Tatou* in Manhattan kreierte den **Tatouni** aus 90 ml Ketel One Wodka sowie je 1 Schuß Martini & Rossi Extra-Dry Vermouth und Gurkensaft, garniert mit einer Gurkenscheibe.

73

Artikuliert und ehrfurchtslos wie er war, teilte der britische Schriftsteller Kingsley Amis mit seinem Freund Ian
Fleming die Liebe zum Martini und bevorzugte dabei
eine 15:1-Mischung. Was die beiden außerdem verband,
war James Bond: nach Flemings Tod verfaßte Amis (unter
dem Pseudonym Robert Markham) eine Bond-Ge-
schichte mit dem Titel *Colonel Sun* sowie im Jahr 1965
Ian Flemings Biographie *James Bond Dossier*.
Amis' erster Roman *Lucky Jim* war nach seiner Veröffent-
lichung im Jahr 1954 ein riesiger Erfolg. Jim, Assistent an
einer Provinz-Uni, war weder gewandt noch intellektuell,
sondern ein komischer Antiheld. In seinem Drink-Buch
On Drink widmete Amis seinem Protagonisten einen
Cocktail mit der Bemerkung, daß Jim »sicher sofort
erklären würde, daß dieser Drink aufgrund seiner Milde
ein ausgezeichneter Liebestrank für schüchterne junge
Damen sei – sofern es in diesem Land noch irgendwo
welche geben sollte«.

Glück ist ein trockener Martini und eine gute Frau ... oder
eine schlechte Frau.

George Burns

THE PASINI EXPRESS
kreiert von Stefano Pasini

 Rühren
90 ml Absolut Red Label Wodka
30 ml Martini & Rossi Extra-Dry
Vermouth

 Den Vermouth in einen mit Eis gefüllten Shaker gießen, 2 Sekunden lang schütteln und abgießen. Den Wodka auf das Eis gießen und nicht länger als 30 Sekunden rühren.

 Empfehlenswerte Vermouthsorten sind u. a. Noilly Prat, Martini & Rossi, Cinzano, Boissière, Stock und Kina Lillet Blanc.

Unsere Version **The Twist** besteht aus 60 ml Smirnoff Citrus Twist Wodka und je 1 Schuß Kina Lillet Blanc und Stolichnaya Pertskova, garniert mit Zitronen- und Limettenscheiben (siehe *Aromatisierte Spirituosen* auf Seite 133).

Nicht jeder Liebhaber von Wodka-Martini ist ein berühmter Schauspieler, Sänger, Schriftsteller oder Romanheld, aber allen sind ein persönlicher Stil und jene Differenziertheit zu eigen, die dieser Drink erfordert. Als Stefano Pasini uns sein Rezept schickte, schrieb er dazu: »Nehmen Sie danach ein schmackhaftes Essen zu sich … Ich glaube, J. B. [James Bond] würde diesen Martini mögen. Und Felix Leiter wäre vermutlich begeistert.«
Felix Leiter – der CIA-Agent, der sich mit Bond gegen Größenwahnsinnige wie Dr. No und Mr. Big verbündete – war feinen Tropfen gegenüber nicht abgeneigt. Er verkörperte den charmanten, lässig-eleganten amerikanischen Mann: auch in brenzligen Situationen immer cool, seinen Freunden gegenüber loyal und mit den lokalen

Spezialitäten aller Länder vertraut. Dieser Trinker von Haig & Haig erstaunte Bond einmal, als er einen halb-trockenen Martini mit Zitronenschale und ohne den obligatorischen Kina Lillet Blanc mit Orangenaroma bestellte. »Das ist amerikanisch«, erklärte Leiter. »Eine neue Sorte aus Kalifornien. Schmeckt sie Ihnen?« Bond mußte zugeben, daß es der beste Vermouth war, den er je getrunken hatte.

Wir haben nirgends einen kalifornischen Vermouth ent-decken können und auch Pasini nicht, aber das minderte unseren Respekt vor Felix Leiter oder seinem Vermouth-geschmack nicht im geringsten.

Ein Exkurs über Vermouth

Der Vermouth erhielt seinen Namen durch die deutsche Bezeichnung des Gewürzkrauts Wermut, das ein traditio-neller Bestandteil von sowohl Vermouth als auch Absinth ist. Der gewürzte Wein entstand im Italien des siebzehn-ten Jahrhunderts zunächst als Verdauungshilfe (ähnliche Weine lassen sich bis ins alte Rom zurückverfolgen). Dazu wurde Rotwein zusätzlich mit Alkohol und magen-beruhigenden Gewürzen wie Wermut, Wacholderbeeren, Koriander, Orangenschale, Gewürznelken, Muskatnuß und Chinin versetzt – nicht weniger als vierzig verschie-dene Aromen, die schnell verfliegen, sobald die Flasche geöffnet ist. (Kaufen Sie also niemals eine große Flasche Vermouth, wenn Sie sie über einige Monate stehen lassen müssen. Wie jeder Wein, der einmal geatmet hat, verliert Vermouth schnell seinen eigentümlichen Geschmack.) Französische Weinhändler kreierten eine trockenere Variante aus Chardonnay und Sauvignon Blanc, die ab 1812 durch *Noilly Prat* in Europa vertrieben wurde. Etwa ein halbes Jahrhundert später brachten die italienischen

Händler *Martini & Rossi* einen süßen roten Vermouth auf den Markt. Und 1872 begannen *Lillet Frères* mit der Produktion ihrer einzigartigen Mischung auf der Basis weißen Bordeaux' mit dem typischen Orangenaroma.

Als Aperitif wird Vermouth häufig als zu süß und feminin eingestuft, doch auch echte Kerle trinken ihn gelegentlich pur. So zum Beispiel Ernest Hemingways Held Frederic Henry in dem Roman *In einem anderen Land.* Während seiner Genesung in einem Armeekrankenhaus bietet Henry seiner Nachtschwester und Vertrauten Miss Gage einen Vermouth an. Als sie mit der Flasche und einem Glas zurückkehrt, sagt er: »Sie nehmen das Glas. Ich werde aus der Flasche trinken.«

THE STELMACH MARTINI
kreiert von Steve Stelmach

Schütteln
60 ml Absolut Wodka
3 Tropfen Martini & Rossi Extra-Dry Vermouth
gefüllte grüne Olive

Der Wodka muß im Eisfach gut gekühlt und das Eis aus gefiltertem Wasser zubereitet werden.
Die Zutaten werden in einen eisgekühlten Glasshaker mit Metalldeckel gefüllt und 20 mal geschüttelt. In Gläser abseihen.
Die Olive sollte abgewaschen und so von allen Ölresten befreit werden.

Falls Sie gefüllte grüne Oliven nicht mögen, probieren Sie den **Buckeye**: dazu wird ein Wodka-Martini einfach mit einer schwarzen Olive garniert.

Für einen **Boston Bullet** garnieren Sie Ihren Martini mit einer mandelgefüllten grünen Olive.

77

Ein zu 99,44 Prozent reiner Wodka-Martini wie der Stelmach Martini ist die perfekte Basis für den Test einiger alternativer Garnierungen. Denn Martinitrinker können nicht vom Drink allein leben, sie brauchen auch die Garnierung! Falls Sie jedoch lange genug auf mit Nelkenpfeffer gefüllten grünen Oliven oder eingelegten Perlzwiebeln herumgekaut haben, probieren Sie mal etwas anderes.

Versuchen Sie z.B. einen Buckeye – das ist ein Wodka-Martini, garniert mit einer schwarzen Olive – oder einen Boston Bullet – ein Martini mit einer mandelgefüllten grünen Olive. Wir haben Barmixer kennengelernt, die ihre Oliven mit allem möglichen einschließlich Knoblauch, Kapern, Anchovis (für den Mariner's Martini), Jalapeño-Pfefferschoten, Blauschimmelkäse, Cocktailzwiebelstückchen und geräuchertem Baby-Oktopus (für den Octopus Martini) füllten.

Falls Sie Ihre Oliven auf Zahnstocher spießen, möchten wir Sie noch warnen: passen Sie auf, daß Sie den Spieß nicht mitessen. (Der Schriftsteller Sherwood Anderson beging bei einer seiner täglichen Martini-Mahlzeiten diesen buchstäblich tödlichen Fehler.)

SAKETINI

 Schütteln
60 ml Suntory Juhyo Shochu
(Wodka)
30 ml Gekkeikan Sake

Zitronenschale

 Falls Sie sich nicht trauen, im Ausland etwas Neues auszuprobieren, bestellen Sie Daniel Dvorskys **Extra-Dry and**

Slightly Bruised aus 180 ml importiertem russischen Wodka, eiskalt geschüttelt, mit 1 Tropfen Zitronensaft.

Wie schade, daß bislang niemand eine aktualisierte Ausgabe von Ian Flemings Reiseführer *Thrilling Cities* herausbrachte. Das Buch gibt Auskunft über die besten Trink- und Speiselokale (etwa Ende der Fünfziger) in Städten wie Hongkong und Tokio, gespickt mit persönlichen Tips des Autors.

So empfahl Fleming einen Besuch der *Mexican Bar* des Gloucester Hotels in Hongkong, in der es die »besten und größten Martinis der Kolonie« gegeben habe.

Der unerschrockene Schriftsteller aß mit Autor Somerset Maugham (schon wieder ein berühmter Martinitrinker) in der *Old Imperial Bar* des Imperial Hotel in Tokio zu Mittag, jedoch schienen die beiden dort ihre Martinis sehr zu vermissen. Auch wagte er sich nie auf unbekanntes Terrain und versuchte etwa Saketinis – japanische Martinis mit grünem Tee (siehe Seite 125) –, Sakuratinis (siehe Seite 118) oder Midori Martinis (siehe Seite 102). Allerdings tranken James Bond und Dikko Henderson ihre Martinis in der *Bamboo Bar* des Hotels Okura (wonach Henderson am nächsten Morgen mit einem königlichen *futsakayoi* – Kater – erwachte).

Tatsächlich endeten unsere eigenen Abenteuer in Tokio vergnüglicher. Wir wohnten im Hotel Okura (genau gegenüber der amerikanischen Botschaft) und riefen den Zimmerservice an. Wagemutig bestellten wir zwei Martinis und legten auf, bevor nach Einzelheiten gefragt werden konnte. Stellen Sie sich unsere Begeisterung vor, als man zwei perfekt gekühlte Wodka-Martinis mit ausgezeichnetem russischen Wodka auf unser Zimmer brachte! Unten in der *Highlander Bar* entdeckten wir über zweihundert verschiedene Sorten Scotch (eines Tages nehmen wir vielleicht eine zweite Hypothek auf, damit wir sie alle durchprobieren können) und wissen nun, warum Ex-Präsident George Bush, Madonna und andere westliche Berühmtheiten hier abstiegen.

Weitere Erkundigungen ergaben ähnliche Überraschungen in den benachbarten Stadtteilen Ginza, Akasaka und Roppongi. In Bars wie *Henry Africa* oder dem *Americana* werden phantastische Martinis serviert.

Wenn Sie einmal dort sind, scheuen Sie sich nicht, auch einheimische Wodkas zu probieren. In unserem Reiseführer stand, Wodka hieße ›ouadka‹. Wir wissen bis heute noch nicht, was das bedeuten soll, denn jedesmal, wenn wir es bestellten, hielten die Kellner untereinander eine Konferenz ab, bis sie sich schließlich einigten, daß sie keine Ahnung hätten, was wir meinten. Zwei Wörter kannten sie jedoch mit Sicherheit: ›Stoli‹ und ›Absolut‹. Schmackhafte einheimische Wodkas waren für uns Suntory Juhyo Shochu und Hakutake Junmaisei Kumashocho.

Hier ein paar Trinksprüche für Ihre Asienreise:

Bali & Indonesien:	Selamat!
China: (Kanton)	Yam sing!
Taiwan:	Gun bi!
Indien:	Aap ki shubh kai liyai!
Pakistan:	Jama Sihap!
Japan:	Kan pai!
Korea:	Deupstita!
Thailand:	Chai yo!

TRANSOCEANIC MARTINI
kreiert von Fredrik Ahlinder

 Stehen lassen
120 ml Stolichnaya Gold Wodka
 Zitronenschale

Ahlinder erzählte einmal, sein trockenster Martini sei der gewesen, »den ich mir damals in Schweden mixte. Ich rief meinen Freund in Australien an und bat ihn, die Vermouthflasche neben dem Telefonhörer zu schütteln«.

Ernesto Paez, ein in Kopenhagen lebender Argentinier, kreierte mit dem **Argentine Arctic Kick** eine starke Mischung: 90 ml eisgekühlte 1:1-Wodkamischung aus Finlandia und Stolichnaya, garniert mit 2 grünen, in Martini & Rossi Extra-Dry Vermouth eingelegten Oliven. (Er schlug vor, die Oliven vor dem Einschenken des Wodkas zu essen und vor dem Schlucken ein paar Sekunden im Mund zu behalten.)

Der **Vesuvio Martini,** serviert in San Franciscos berühmtem *Vesuvio Café*, hat ein ähnlich nüchternes Rezept wie der Transoceanic. Den Unterschied macht allein die Garnierung: eine gefüllte grüne Olive.

Unsere eigene Version **The Seattle** besteht aus 60 ml Stolichnaya Gold Wodka und 1 Spritzer frischem Zitronensaft. Stellen Sie das Glas mit einigen Tropfen Angostura Bitters ins Eisfach und sprühen Sie es vor dem Einschenken mit Vermouth aus dem Zerstäuber ein, um den Wettercharakter der Stadt nachzuempfinden.

Der Transoceanic mag verdächtig nach einem großen Glas Wodka klingen, aber schon das bloße Hinzufügen eines Stückchens Zitronenschale macht ihn in manchen

Gegenden Schwedens fast zu einer Limonade. Das Servieren von Spirituosen pur hat in Nordeuropa eine lange Tradition. Vielleicht rührt das daher, daß im tiefen schwedischen Winter alles, was so wenig Alkoholgehalt wie Vermouth hat, schnell einfriert.

Weiter südlich findet man einige fabelhafte Lokalitäten mit langer Martini-Tradition. Die ersten ›American Bars‹, also Cocktailbars im amerikanischen Stil, entstanden um die Jahrhundertwende. Anders als Biergärten, Pubs, Weinstuben oder Ginpaläste spezialisierten sich American Bars auf amerikanische Cocktails (was bedeutete, daß sie gekühlt statt mit Raumtemperatur serviert wurden). Einige dieser Bars wurden sogar von ausgewanderten amerikanischen Barkeepern geführt.

Die *American Bar* im Savoy Hotel in London – in der Hemingway gerne saß und trank – brüstet sich immer noch damit, daß sie die Geburtsstätte des Martini sei. Der britische Martiniliebhaber Matthew Rose schlug vor, daß jeder, der »eine Lektion in Martini-Etikette wünscht, Savoy-Barmann Peter Dorelli aufsucht. Nachdem der vierunddreißig Jahre lang Martinis gemixt hat, weiß er ziemlich genau, wovon er spricht. Er nimmt immer Beefeater, Martini & Rossi – natürlich Dry – und einen winzigen Spritzer Zitronenöl aus dem fleischigen Teil der Schale«.

Le Dépanneur und *Harry's New York Bar* in Paris bieten ein elegantes Ambiente sowie Drinks, die einen in die Zeit zurückversetzen, als Ernest Hemingway, Cole Porter, George Gershwin und F. Scott Fitzgerald dort ihre Martini-Frühschoppen abhielten.

In Venedig gibt es ebenfalls eine Martini-Bar, die Hemingway häufig besuchte: *Harry's Bar*, deren früherer Besitzer Giusepppi Cipriani hieß. Weiter südlich sollte man sich aber anscheinend in acht nehmen, wie Stefano

Pasini feststellte: »In den berühmten italienischen Fe-
rienorten gibt es nicht viele gute Martini-Bars ... in der
Bar des Hotel Posta in Cortina beispielsweise wurde in
den letzten Jahren nur sehr wässriger Martini serviert.«
Das *Schumann's* in München hat den Ruf, Deutschlands
beste Martinis zu mixen. Und *Chez Jean-Pierre* in Kopenhagen ist bei jenen martinikundigen Reisenden sehr
beliebt, die Skandinavien besuchen – die Heimat des
Aquavit und zahlreicher guter Wodkasorten.
Wenn Sie nach Moskau fahren, werden Sie ebenfalls
nicht enttäuscht. Die Hotelbars des Metropol, National
und Savoy bieten vorrevolutionäres Dekor, eine exzel-
lente Wodka-Auswahl und perfekten Service.

Hier einige Trinksprüche für Ihre Tour durch Europa:

Dänemark:	Skaal!
Großbritannien:	Cheers!
– Cockney-Variante:	Here's mud in your eye!
– Oxbridge-Variante:	Propino tibi!
Irland:	Slainte!
Italien:	Cin cin!
Rußland:	Na Zdorovia!
Niederlande:	Proost!
Jugoslawien:	Ziveli!

*Der Anblick all der vorbeirollenden teuren Autos, vollbeladen
mit überfütterten Männern und pelzbehangenen Frauen ...
weckte in ihm den Wunsch, eine rote Krawatte und ein paar
Bomben zu kaufen und die Soziale Revolution zu beginnen ...
Tja, in solch einer Situation kann ein junger Mann natürlich
nur eines tun ... Mervyn eilte in den Club und stürzte in
schneller Folge drei Martinis hinunter.*

P. G. Wodehouse, Mulliner's Nights

NAIRN FALLS

Schütteln ohne Eis
60 ml Absolut Wodka
15 ml Retsina

Zitronenschale oder
in Zitronensaft eingelegte Olive

 Dieses besondere Rezept erfordert kein Eis. Ein kühles, fließendes Gewässer – ein murmelnder Bach, ein reißender Fluß, ein Gletscherstrom oder auch ein See – reicht vollkommen aus. (Allerdings können wir die Zubereitung am Ozean oder dem Great Salt Lake nicht empfehlen.) Retsina, dieser staubtrockene griechische harzige Weißwein, wird noch immer wie vor Tausenden von Jahren in Pinienfässern gelagert, so daß er nach Wald schmeckt.

 Probieren Sie auch Dave Kaspryzks Variante **Mariner's Martini**, für den Sie den Nairn Falls mit einer Anchovis oder einer mit Anchovis gefüllten Olive garnieren.
Der **Octopus Martini**, den man im *Ken Stewart's Grille* serviert, ist mit einem geräucherten Baby-Tintenfisch und einem Stückchen Zitronenschale garniert.

Ah, die Camping-Saison! Die Zeit, in der echte Männer, Frauen – und manchmal gar die lieben Haustiere – den Annehmlichkeiten der Zivilisation den Rücken kehren (abgesehen von Martinis, natürlich) und in die unwegsamen Tiefen der Wildnis vordringen. Als fröhliche Camper, die wir sind, beschränkten wir uns auf das Notwendigste: Zelte, Luftmatratzen, Steppdecken, Bettwäsche, Drei-Flammen-Gasherd, rostfreie Töpfe und Pfannen, Emailgeschirr, Besteck, Gläser, eine tragbare Koffer-Bar, Handy, Laptop, Fotoapparat, Fernglas, Sonnencreme,

Zitronella und Anti-Ungeziefer-Spray, Taschenlampen, Reepschnüre und Goldschürfersiebe. Wir gingen in den nächsten Autoverleih, mieteten einen Ford Explorer und zogen los, um in der alpinen Schönheit der Nairn Falls bei Whistler, British Columbia, die pure Natur zu genießen.

Tja, wie aber kühlt man einen Martini am zweiten Tag, wenn das ganze Eis in der Gefrierbox geschmolzen ist? Um uns herum ragten eisige Gletschergipfel empor – doch, ach, zu weit entfernt! Ein Satz von W. C. Fields kam uns in den Sinn: »Einmal … in der Wildnis Afghanistans verlor ich meinen Korkenzieher, und wir konnten uns tagelang von nichts anderem ernähren als fester Nahrung und Wasser.«

Wir tauchten in den sprudelnden Green River, um uns abzukühlen. Es war ein ziemlich heißer Tag, doch wir hatten den Eindruck, das Wasser müsse einfrieren, wenn es nicht so schnell fließen würde. Die Erleuchtung kam auf einen Schlag: wir dichteten den Deckel eines gefüllten Shakers mit Klebeband ab, warfen das Ding an einer Angelschnur in den Fluß und *voilà!* Gekühlt und geschüttelt!

Aber Vorsicht! Versuchen Sie mit Rücksicht auf die abstinenten Fische nie, einen noch feuchten Shaker zuzukleben.

Zum Thema Angeln mit Martinis haben wir noch eine besondere Geschichte von Coreen Larson:

»Es war ein brennend heißer Tag in der kanadischen Prärie, und ein paar Freunde und ich beschlossen, uns mit einem Angelausflug Kühlung zu verschaffen. Die Aussicht auf viereinhalb Stunden Bootsfahrt mit notorischen Biertrinkern auf einem ruhigen und malerischen See war nur in Maßen verlockend, denn die Umstände schrien förmlich nach einem trockenen Martini, aber was sollte ich da draußen in der Wildnis tun? Ich mußte mir also etwas einfallen lassen.

Ich packte meinen Survival-Kit: In einem alten Blechkanister verstaute ich ein Mini-Fläschchen Tanqueray (ich wußte doch, daß die zu mehr zu gebrauchen waren als für trunkene Teenagernächte bei High-School-Feten), ein Marmeladengläschen voll Vermouth (bitte nicht Noilly Prat verraten!), sechs grüne Oliven in einem Mini-Einmachglas, einen Reise-Cocktailshaker und einen Eimer voll Eis an der Seite. Es konnte losgehen.

Als ich gerade in dem Gefühl schwelgte, daß es schöner nicht mehr sein könnte – ich saß mit einem vollen Martiniglas in der Hand da, mein Schwimmer schaukelte sanft auf den Wellen, und im Hintergrund erklang das gedämpfte Brummen der Motorboote und Jet-skis –, geschah das Unglaubliche. Ich spürte ein Ziehen an der Angel und wußte, daß der größte Fisch der Welt gerade meinen Len Thompson-Köder verschlungen hatte! Ich mußte eine Entscheidung treffen – und zum ersten Mal in meinem Leben verzichtete ich auf meinen Martini, um die Beute einzuholen. Mein Angelpartner erhielt die verantwortungsvolle Aufgabe, mir das Glas an die Lippen zu führen, während ich frenetisch den ersten Süßwasserhai von Saskatchewan an Bord zu zurren versuchte. Obwohl mir das Herz bis zum Halse schlug und meine physische und psychische Kraft allmählich nachließ, empfand ich mit jedem Schluck meines Martini Gelassenheit und pures Glück.

Die Zeit schien still zu stehen, während ich mit dem Ungetüm kämpfte. Zeitweise hatte ich den Eindruck, daß ich nicht mehr vorankam, doch der Gin gab mir neue Kraft und Zuversicht. Diesen Augenblick auf dem Child's

Lake an einem Nachmittag im August werde ich nie vergessen. Die Sonne, meine Freunde, der trockene Martini mit zwei Oliven – geschüttelt, nicht gerührt – und das Biest, das dann doch noch davonkam.«

Auch wenn Sie in der Großstadt festsitzen und Sie nichts außer Tauben, Terrier und Topfblumen umgibt, wird Ihnen der Nairn Falls die Wildnis nahe bringen.

Der Martini wird vielleicht deshalb wieder populär, weil das Sichgehenlassen die Selbstverleugnung abgelöst hat.

Faith Popcorn

OLIVER'S CLASSIC MARTINI

kreiert im Oliver's des Mayflower Park Hotels

Schütteln
90 ml Absolut Wodka
30 ml Cinzano Dry Vermouth
gefüllte und in Vermouth eingelegte
grüne Oliven

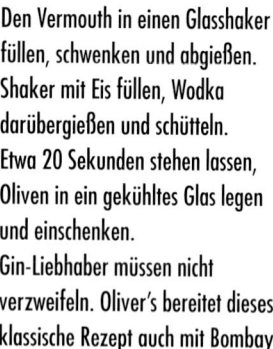

Den Vermouth in einen Glasshaker
füllen, schwenken und abgießen.
Shaker mit Eis füllen, Wodka
darübergießen und schütteln.
Etwa 20 Sekunden stehen lassen,
Oliven in ein gekühltes Glas legen
und einschenken.
Gin-Liebhaber müssen nicht
verzweifeln. Oliver's bereitet dieses
klassische Rezept auch mit Bombay
Sapphire Gin zu.

Auch in der Martini-Welt gibt es den Hang zum Wettbewerb. In Seattle organisiert Mark Nowak seit 1991 Gechmackstests zwischen den stilvollsten Bars der Stadt. Das *Oliver's* im Mayflower Park Hotel gewann vier- von fünfmal den Preis für den ›Besten Klassischen Martini‹, und nachdem wir ihn probiert hatten, wußten wir auch warum.

MOLOTOV COCKTAIL

kreiert von Lola aus Lola's im Century House

Schütteln
90 ml Absolut Wodka

15 ml Jameson's Irish Whiskey
15 ml Irish Mist Liqueur

Für einen **Smoked Martini** mischen Sie einfach Ihr Lieblings-Rezept, doch bevor Sie den Drink mit der Zitronenschale garnieren, halten Sie sie über das Glas, pressen sie zusammen und halten gleichzeitig ein brennendes Streichholz daran. Wenn die Flamme verpufft ist, lassen Sie die Schale in den Martini fallen.

(Dies ist das ideale Getränk für jeden David Copperfield-Nachwuchs. Für die komplette Siegfried & Roy-Nummer nehmen Sie ein extra großes Stück Zitronenschale und spielen Arthur Brown Jr.'s Sechziger Jahre-Hit ›Fire‹.)

Dieser Drink, nicht zu verwechseln mit der benzingefüllten Flasche mit Stoffgarnierung, eignet sich hervorragend dazu, die Konversation anzuregen und seine Mixkünste zur Schau zu stellen. Die geborenen Pyromanen unter den Martinitrinkern brauchen eben etwas stärkeres als den leicht rauchigen Geschmack ihres Irish Whiskey.

Steve Starr beschreibt sein erstes feuriges Erlebnis folgendermaßen:

»Zum erstenmal sah ich das bei einem Barkeeper namens Kimon in der *Lion Bar* in Chicago. Vor fünfzehn Jahren bestellte ich dort einen Martini mit Zitronengarnierung. Kimon fragte, ob ich ihn ›geräuchert‹ haben wolle. Es war ein wenig laut und ich verstand nicht, was er sagte, also antwortete ich einfach mit Ja.

Man braucht dazu einen normalen Martini (meiner Meinung nach am besten aus purem Gin in einem klassischen Glas) und ein Stückchen Zitronenschale. Bevor man nun die Schale in den Martini fallen läßt, hält man sie fünf bis sechs Zentimeter über das Glas, zündet ein Streichholz an und preßt sie zusammen.

Wenn man es richtig macht, ertönt das kurze, aber wirkungsvolle ›Puff‹ einer Flamme, begleitet von etwas Rauch. Die Schale sollte man dann sofort fallen lassen.

Das Resultat dieses Feuerwerks ist dann ein feiner, aber doch deutlich erkennbarer rauchiger Geschmack des Martini.«

Tatsächlich ist das Wichtige am Smoked Martini nur zur Hälfte der Geschmack – die andere Hälfte ist Show. An der Zitronenschale sollte auch ein wenig vom Inneren der Zitrone sein.

Das Kniffligste an der Sache ist, diesen Drink selbst zu machen und dabei das Streichholz und die Schale genau so zu halten, daß man die Schale ausquetscht und gleichzeitig das brennende Streichholz vor deren gelbe Seite führt, damit die Flamme entsteht. Zuerst ist es allerdings ratsam, einen Freund mit dem Streichholz-Part zu beauftragen, während Sie die Schale drücken, oder umgekehrt, damit Sie herausbekommen, wie es am besten funktioniert. Sonst haben Sie nicht nur verbrannte Finger, sondern auch noch Asche im Drink.

Und das steckt dahinter: Zitronenöl – das sich in den Poren der Schale befindet – ist leicht entflammbar. (Nein, das bedeutet nicht, daß Ihre Zitronen plötzlich explodieren und Ihre Kühlschranktür aufsprengen können.) Wenn Sie ein Schalenstückchen drücken, sprüht ein wenig von diesem Öl heraus. Machen Sie das nicht direkt vor Ihren Augen, denn auch ohne Streichholz brennt das Öl ganz schön. Ein zweites Mal Drücken ist wirkungslos, da das restliche Zitronenöl kaum mehr heraussprüht (allerdings können Sie hierbei sehr gut Ihre Anzündtechnik üben).

Das Ganze funktioniert natürlich nur mit frischen Zitronen – das verschrumpelte Ding da unten in Ihrem Kühlschrank hat sein Öl samt seinem Geschmack bereits durch Austrocknen verloren.

Bei unseren Nachforschungen entdeckten wir viele Drinks, die vor dem Servieren entflammt werden, doch keinen einzigen flammenden Martini. Dafür bestehen zwei gute Gründe. Erstens: Feuer ist heiß, und ein Martini sollte kalt sein. Und zweitens bereitet man einen Martini normalerweise aus besten Zutaten – es gibt sicher andere, weniger wertvolle Dinge, die Sie anzünden möchten.

2. Kapitel

SPEZIALITÄTEN-REZEPTE
Die Renaissance des Martini

Für Leute zwischen zwanzig und dreißig sind Martinis ein Symbol der Rebellion. Viele ihrer Eltern waren damals Blumenkinder, die auf ihre eigene Art die Gesellschaft verändern wollten. Doch welches Protestsymbol haben Angehörige der ›Generation X‹? Wenn sie sich lange Haare wachsen lassen, Acid einwerfen und psychedelische Musik hören, kommentieren ihre Eltern nur stolz: »Ja, das ist ganz mein rebellisches Kind!«

Wenn die Eltern-Generation den Grunge also akzeptieren kann, was wäre dann ihr schlimmster Alptraum? Daß ihre Kinder konservative Martini-Snobs werden, die Barmusik lauschen.

Für Marc Nowak, Begünder des Martini-Wettbewerbs in Seattle, ist das eine Frage der Weltanschauung:

»In unserer heutigen Gesellschaft besteht ein Mangel an Romantik. Wir verbringen soviel Zeit mit Arbeit und Herumhetzen, daß man am Ende nicht einmal mehr weiß, warum man das alles tut. Wenn die Höflichkeit der Gleichheit weicht, werden alle austauschbar. Der Martini stammt aus einer Zeit, wo noch Romantik herrschte: anderen Leuten die Türen öffnen, jemandem eine Zigarette anzünden, was auch immer. Das waren Dinge, die mit dem Martini einhergingen und es noch immer tun. Sie lassen diese Ära wieder aufleben.

Zum anderen ist es eine stilvolle Angelegenheit. Ein Martini ist kein solch abgeschmacktes Zeug, wie es die Baby-Boomer nach dem College tranken. Er wird in einem Glas serviert, das man nicht zweimal auf die Theke knallt und dann in einem Zug leert. Es ist ein eleganter Drink. Etwas, an dem man genußvoll nippen kann. Und wir werden schließlich erwachsen.«

Mommy hält sich an ihre trockenen Chardonnays, und Daddy setzt seit Jahren sein eigenes Bier in Plastikeimern an – so weit, so gut. Sex ist gefährlich, Drogen sind out, und Rock'n'Roll führt zu dauerhaften Hörschäden (O-Ton Pete Townsend: »Könnten Sie wohl etwas lauter sprechen?«) Der Martini ist der stilvolle und zivilisierte Kontrapunkt in einer Welt, in der jeder Tag cool und lässig sein soll. Und wenn andere das als Nostalgie abtun, servieren Sie ihnen doch einen Glacier Blue (siehe Seite 99) oder einen Lava Lamp (siehe Seite 110). Denn dies ist die neue Generation von Martinis.

Ich spreche nicht von einer Tasse billigen Gins, der über einen Eiswürfel gekippt wird. Ich spreche von Satin, Feuer und Eis; Fred Astaire in einem Glas; klinische Reinheit; Lust und Einsicht; Buße und Absolution. Ich spreche von einem Martini.

Anonym

94

IM GARTEN EDEN

Fruchtige Martinis

Verfechter der Martini-Renaissance haben unser Volksgut bereichert, unsere Mix-Rituale erweitert und die
Konservativen provoziert, die die unaufhaltsame Evolution dieses Cocktails nicht akzeptieren wollen. (Solche
Leute behaupten, die modernen Frucht-Varianten hätten
nicht das Geringste mit einem Martini gemein.) Aber das
ist so, als wolle man einen Elefanten der Serengeti mit
einem pelzigen Mammut der Eiszeit vergleichen. Die
Evolution ist nicht zu übersehen. Seltsamerweise leugnet
niemand, daß der süßliche 2:1-Martini mit Orangenaroma der Urgroßvater des 4:1-Martini Dry ist.
Wir persönlich sehen den Martini darwinistisch. Er hat
sich niemals nur einem Rezept unterworfen und sich mit
der Zeit gewandelt, damals wie heute.

Nick Charles: Barkeeper, bringen Sie Mrs. Charles 240 Mar
tinis. Wir bleiben nicht lang.

Shadow of the Thin Man

LOLA

kreiert von Lola aus Lola's im Century House

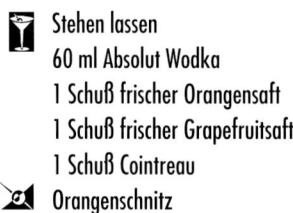

Stehen lassen
60 ml Absolut Wodka
1 Schuß frischer Orangensaft
1 Schuß frischer Grapefruitsaft
1 Schuß Cointreau
Orangenschnitz

Anstelle von Wodka kann auch Gin genommen werden.

Den Lola kann man auch als Abschluß eines Abendessens servieren. Zu diesem Anlaß gibt es im *Lola's* den Lola Granitée. Füllen Sie alle Zutaten in eine Glas- oder Metallschüssel und stellen Sie sie für einige Stunden in den Eisschrank. Ungefähr alle zwanzig Minuten rühren Sie mit einer Gabel das sich bildende Eis um. Tun Sie das sehr rasch und stellen Sie die Schüssel sofort wieder in den Eisschrank, damit nichts schmilzt. Am Ende hat das Ganze eine sorbet-ähnliche Konsistenz. Wenn alles gefroren ist, brauchen Sie nicht mehr zu rühren, und es hält sich ein paar Tage lang. Wenn die Mischung nicht gefriert, versuchen Sie es noch einmal mit weniger Alkohol und mehr Saft.

Die große, schlanke, elegante Blondine, die im *Lola's* im Century House in Vancouver – der Stadt, die seit neuestem ein heißer Partytip für Hollywood-Berühmtheiten ist – hinter der Bar steht, heißt Lola. (Schließlich ist es ja auch ihr Lokal.) Ihre erste Anstellung als Barkeeperin bekam sie Ende der Siebziger, und sechs Jahre später gesellte sie sich zur Truppe des *Delilah's* in Vancouver. Das ist ein ausgefallenes Lokal mit üppiger Jahrhundertwende-Dekoration, dessen Gästen zwischen den Runden des umfangreichen Martini-Menüs eine üppige Auswahl an Nahrungsmitteln geboten wird. Als Lola dort anfing, gab es zwölf Martini-Varianten, aber als sie schließlich ging, waren es an die sechzig, von denen Lola viele selbst kreiert hatte.

»Als wir das *Lola's* im Century House eröffneten, wußten Marion [ihre Partnerin und ebenfalls ehemalige Barmixerin im *Delilah's*] und ich, daß wir unsere eigene Martini- und Champagner-Cocktailkarte zusammenstellen mußten.« Und wieder kreierten die beiden ein modernes Repertoire an Gin- und Wodka-Martinis (z.B. mit Passionsfrucht-, Himbeer- und Preiselbeersaft), die sie aus eigenen Mixbechern in eisige Cocktailgläser füllen. (Sorry, aber Martinis auf Brandy- oder Tequila-Basis bekommen Sie in diesem Lokal nicht.)

Professionelle weibliche Barmixer wie Lola und Marion haben sich in den letzten zehn Jahren etabliert. Wie Lola selbst meint: »Frauen haben einen super Geschmackssinn. Sie sind von Natur aus dafür geschaffen, verschiedene Aromen und Mischungen zu erkennen, und sie können feine Unterschiede erschmecken.«

MANDARIN MARTINI
kreiert im Oliver's des Mayflower Park Hotels

Schütteln
45 ml Absolut Wodka
15 ml Bombay Sapphire Gin
1 Schuß Mandarin Napoleon Liqueur
1 Spritzer Cointreau
1 Scheibe Mandarin-Orange

 Mandarin-Orangenschale

Den Liqueur in einen Glasshaker füllen, schwenken und abgießen. Shaker mit Eis füllen. Restliche Zutaten inklusive Mandarinenscheibe dazugeben und schütteln. Garnierung in ein gekühltes Glas geben und Drink eingießen.

Eine weitere Variante im *Oliver's* ist der **L'Orangerie**, für den das Eis mit einem Schuß Grand Marnier überspült, 60 ml Tanqueray Wodka geschüttelt und das Ganze mit Orangenschale garniert wird.

Für den **Orange Magnet** des *Set 'Em Up Joe* mixt man 90 ml Bombay Sapphire Gin und 15 ml Cointreau und garniert mit einer Orangenscheibe.

Der **Northwest Sunset** des *Garden Court* im Four Seasons Olympic besteht aus 60 ml Ketel One Wodka, 15 ml Canton Ginger Liqueur (Ingwerlikör) und 1 Schuß Orangensaft.

Für den **Elegant** des *Set 'Em Up Joe* nimmt man 90 ml Tanqueray Sterling Wodka und 1 Schuß Grand Marnier.

Wir kreierten außerdem den **Orange Flower** – aus 60 ml Stolichnaya Wodka, 15 ml Curaçao und 2 Tropfen Orangenblütenwasser – und den **Noonday Sun**, bei dem das Blütenwasser durch Spritzer frisch gepreßten Orangen- und Zitronensafts ersetzt wird.

Dies ist eine beliebte Martini-Variante, die dem Orange Blossom der Dreißiger – einer 2:1-Mischung aus Gin und Orangensaft – sowie dem Screwdriver Tribut zollt,

einem in den Siebzigern bevorzugten Drink auf Sonn-
tags-Brunches. Der Geschmack der Leute hat sich über
die Jahre geändert, ist gewagter und ausgeprägter geworden. Also setzt man mittlerweile elegantere Mittel ein,
um das feine Orangenaroma zu erzeugen. Eines der
besten Beispiele hierfür ist der Mandarin Martini, der
1995 den Preis für den ›Besten Spezialitätenmartini‹ des
Martini-Wettbewerbs von Seattle erhielt.

GLACIER BLUE
kreiert im Garden Court des Four Seasons Olympic

 Schütteln
60 ml Absolut Wodka
30 ml Bombay Sapphire Gin
15 ml Blue Curaçao

Orangenscheibe oder einige frische
Blüten der Kapuzinerkresse
(siehe Garnierungsanleitung für
frische und konservierte Blüten auf
Seite 113)

Der **Chicago Blue** des *Set 'Em Up Joe* besteht aus 90 ml Tanqueray Sterling Wodka und 15 ml Blue Curaçao.
Für den **Blue Lizard Martini** der *Blue Lizard Lounge* mischt man
60 ml Wodka und 1 Tropen Blue Curaçao.
Ein **Blue Monday** wird aus 60 ml Wodka, 15 ml Blue Curaçao
und 15 ml Cointreau gemixt.

Blaue Cocktails sind in vielen piekfeinen Bars eine heiße
Sache. Aber ebenso wie mit blau gefärbtem Essen kann
sich durchaus nicht jeder mit einem Drink anfreunden,
der aussieht, als habe man die Tinte eines Füllfederhal-
ters hineingegossen. In John Mitchells Comic-Roman
Very Vicky and the Secret of the Bronx Cocktail kreischt
Vickys Bekannte Brooksie entsetzt auf, als sie hört, daß

blaue Martinis Teil eines bösen Polit-Plans seien: »Ein blauer Martini, das klingt ja gräßlich, meine Lieben, einfach gräßlich! Das sieht den verknöcherten Groß-macht-Lakaien ähnlich, einen Martini für das Böse zu mißbrauchen!«

Dennoch gewann der Glacier Blue im Jahr 1992 den ›Speciality Martini Award‹ des Martini-Wettbewerbs in Seattle, und Salonlöwen lieben ihn. Achten Sie nur dar-auf, daß die Farbe Ihres Outfits dazu paßt – es eignen sich Hellgrün, Fuchsia oder Mandarinorange oder aber ein Leopardenmuster, das eigentlich zu fast allem getra-gen werden kann.

Zum Martini: Einer ist gut, zwei sind zuviel und drei genü-gen nicht.

James Thurber

COSMOPOLITAN

kreiert von Lola aus Lola's im Century House

 Stehen lassen
60 ml Absolut Wodka
1 Schuß Preiselbeersaft
1 Spritzer Rose's Lime Cordial
1 Spritzer Cointreau
Zitronenschale

Mixen Sie diesen Drink nicht aus hochkonzentriertem Preiselbeersaft aus dem Naturkostladen, sonst kriechen Ihnen vor Säure die Wangen zwischen die Zähne.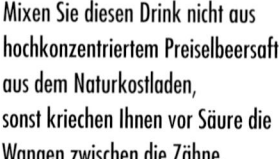

 Lolas **Metropolitan** besteht aus 60 ml Bombay Gin, je 1 Schuß Preiselbeersaft-Cocktail und Margarita-Mix, 1 Spritzer frischem Zitronensaft und 6 frischen Preisel-beeren als Garnierung. In ihrem **Seabreeze** wird der Marga-rita-Mix durch Grapefruitsaft ersetzt.

Unsere eigene Variante **Perfect Cosmopolitan** wird aus 45 ml Stolichnaya Gold Wodka, 22,5 ml Cointreau, 1 Spritzer Rose's Lime Cordial, 1 Schuß Preiselbeersaft und 1 Spritzer Zitronensaft gemixt.

Für den **Montini** – den Hausdrink des *Monterey Grill* – fügt man 1 Schuß Crème de Cassis hinzu. Der **Sunset Boulevard** dieses Lokals besteht aus 60 ml Bombay Sapphire Gin mit je 1 Schuß Rose's Lime Cordial und Preiselbeersaft-Cocktail.

In der *Bar Marmot* des Château Marmot gibt es einen **Cosmopolitan** aus 105 ml gewürztem Wodka (siehe *Aromatisierte Spirituosen* auf Seite 179), 15 ml Triple Sec, 1 Schuß Rose's Lime Cordial und einer Maraschinokirsche als Garnierung.

Obwohl Martinis definitiv geschlechtsunspezifische Cocktails sind, scheint der Cosmopolitan eher von Frauen bevorzugt zu werden. O ja, Farbe hat er, und Geschmack. Aber es gibt noch einen anderen Grund, ihn zu mögen. Unser Barkeeper im Manhattaner *Mary Lou's* verriet uns, daß die Mischung aus Alkohol und Preiselbeersaft gut dazu geeignet sei, trotz durchzechter Nächte gesund zu bleiben. Der Cosmopolitan und seine Varianten erlauben Ihnen, diese erfrischende Nebenwirkung mit Stil zu genießen.

MIDORI MARTINI

kreiert von Suntory Ltd.

Schütteln
45 ml Beefeater Gin
15 ml Gancia Dry Vermouth
1 Schuß Suntory Midori Liqueur

1 rote Pflaume

Die im *Lola's* servierte Variante dieses Drinks – der sich **Friend of Dorothy** nennt – besteht aus 60 ml Stolichnaya Wodka und je 1 Schuß Suntory Midori Liqueur und Rose's Lime Cordial.

Für unsere eigene Version **Melon Ball** mischt man 60 ml Stolichnaya Wodka und je 1 Schuß Suntory Midori Liqueur und frischen Orangensaft.

Als ein Freund uns eine Flasche Midori Liqueur schickte, sahen wir dieses Getränk zum ersten Mal. Leider lagen keine Rezepte bei, so daß wir instinktiv einen leckeren Drink erfanden (der, wie wir später herausfanden, Melon Ball heißt), sonst aber nichts damit anzufangen wußten. Dann, eines schönen Sommerabends zur Cocktailstunde, entdeckten wir, daß uns alle Vermouth-ähnlichen Spirituosen ausgegangen waren. In diesem Moment schien sich die schon fast vergessene Flasche Midori Liqueur als Versuchskaninchen geradezu aufzudrängen. Ein Schluck, und wir waren überzeugt, daß Grün nicht nur die Farbe des St. Patrick's Day ist.

Wenn der Schatten des Grashüpfers auf die Spur der Feldmaus im grünen glitschigen Gras fällt, während eine rote Sonne über den westlichen Horizont wandert und die Silhouette eines hageren und sehnig-muskulösen Indianers beleuchtet,

*der mit gespannter Bogensehne und auf dich gerichtetem Pfeil
auf der Lauer liegt, dann ist es Zeit für einen Martini.*
*Anonyme Inschrift auf der Hauswand des Vesuvio's Café
in San Francisco*

SPIDER BITE

 Stehen lassen
60 ml Moskovskaya Wodka
15 ml Malibu Coconut Rum
15 ml Triple Sec,
2 Tropfen Angostura Bitters

Limettenschale

Für den **Patricia Delicia** des *Lola's* mixen Sie 60 ml Absolut Wodka, je 1 Schuß Passionsfrucht- und Papayasaft und garnieren mit einer Limettenscheibe.

Der **Tropical Dream** des *Set 'Em Up Joe* besteht aus 90 ml Fris Wodka, 30 ml Malibu Coconut Rum und 1 Schuß Ananassaft.

Für dessen Vorfahr aus den Dreißigern, den **Miami Special**, schüttelt man gleiche Teile Gin und Ananassaft, 1 Schuß französischen Vermouth und 2 Spritzer Curaçao.

Eine weitere tropische Mischung, der **Banana Martini** der *Monkey Bar* in New York, wird aus 75 ml Skyy Wodka, je 1 Schuß Crème de Banane und Martini & Rossi Extra-Dry Vermouth gemischt und mit einer karamelisierten Bananenscheibe garniert.

Sie suchen einen Martini im Land der Schirmchencocktails? Sie fragen sich, was Martinitrinker im Urlaub tun? Hier folgt das Abenteuer eines Pärchens:

»Als wir auf Hawaii im Four Seasons Urlaub machten, hatte mein Mann ein besonderes Martini-Erlebnis. Er kam eines Morgens aus der Dusche und zeigte mir einen roten, etwa münzgroßen Fleck an seinem Handgelenk. Ich erzählte ihm, ich hätte mal von einer Frau gehört, die beim Staubsaugen von einer braunen Spinne gebissen worden und ins Koma gefallen sei, und als man sie schließlich fand, mußten ihr beide Arme und Beine amputiert werden! Das munterte ihn nicht gerade auf. Als wir dem Mann an der Rezeption den Fleck zeigten, meinte auch der, daß man Spinnenbisse auf Hawaii sehr ernst nehmen solle.

Trotzdem gingen wir abends aus und tranken eine Menge Martinis. Für einen ›letzten Letzten‹ setzten wir uns an die Hotelbar und lernten dort ein Paar auf Hochzeitsreise kennen. Wir zeigten den Fleck dem Barmixer, und auch das Pärchen kannte die Geschichte von der Frau und der braunen Spinne. Sie boten an, John den ›allerletzten‹ Drink zu spendieren, und wir amüsierten uns königlich.

Wir gingen zu Bett (vielleicht wurden wir auch einfach bewußtlos), und so um halb ein Uhr nachts wurde ich von einem Klopfen an der Tür geweckt. Zuerst ignorierte ich es, weil ich in Maui ja niemanden kannte, der mich hätte besuchen können. Aber es klopfte wieder. Da ich wußte, daß mein Mann – der irgendwo auf der anderen Seite des Kingsize-Betts lag – nie aufwachen würde, schleppte ich mich an die Tür.

Nach einem kurzen Blick durch den Spion öffnete ich, und da stand mein Mann splitterfasernackt auf dem Gang.

›Wo bist du denn gewesen?‹ fragte ich entsetzt. Er fand das gar nicht lustig. Anscheinend war er schlafgewandelt – was er noch nie getan hatte – und genau in dem Moment aufgewacht, als die Zimmertür hinter ihm ins

Schloß fiel. Jetzt stand er also nackt im Flur eines Fünf-Sterne-Hotels!!! Zum Glück war ich aufgewacht und konnte ihn wieder hereinlassen, und seitdem ist diese Geschichte beim Erzählen ein riesiger Lacherfolg.

Lag es am Spinnenbiß oder an den Martinis? Wer will das entscheiden?«

Martini-Dekoration im Urlaub

Tropische Dekorationen können schnell die Eleganz eines Cocktails zerstören. Versuchen Sie mal, kosmopolitisch zu wirken, während Sie einen fruchtbehängten Humpen Piña Colada umklammern! Doch vielleicht beruhigt es Sie zu erfahren, daß keiner der Hunderte von Martinis, die wir probiert haben (und auch keiner der Hunderte von Cocktails, die bei aller Liebe nicht als Martinis durchgehen konnten – auch wenn sie in einem Martiniglas serviert wurden), mit einem Cocktailschirmchen dekoriert war. Obwohl so ein kleiner Schirm für den Liebhaber des Martini Extra-Dry vielleicht sogar von Nutzen wäre – um ein zu schnelles Verdunsten zu verhindern und den Drink bei Gewitter vor Verwässerung zu schützen …

Lektion Eins: Vermeidung eines Katers

Hat man Ihnen je geraten, vor dem Trinken Brot oder Nudeln zu essen, weil das den Alkohol aufsaugt? Oder Fett – weil es den Magen auskleidet und die Alkoholaufnahme verzögert? Wir kennen einen Journalisten, der vor dem Ausgehen eine Tasse Olivenöl trank. Selbst wenn das funktioniert hat, würden wir doch allemal den Kater vorziehen! Tatsache ist, daß jedes Essen die Alkoholaufnahme Ihres Körpers verlangsamt, niemals jedoch aufhält.

Ich glaube, wir haben gerade eine wichtige medizinische Ent-
deckung gemacht. Wenn du lange genug den Betrunkenen
spielst, kannst du auch einen Kater kriegen.

Hawkeye Pierce, M*A*S*H

FORTUNELLA

kreiert im Oliver's des Mayflower Park Hotels

Schütteln	Zitronenschale und 1 Kumquat
30 ml Ketel One Wodka	
22,5 ml Bombay Sapphire Gin	Eisgekühlten Shaker mit Campari
22,5 ml Caravella	ausschwenken und ausgießen.
1 Schuß Campari	Mit Eis füllen und restliche Zutaten
1 Schuß Cointreau	dazugeben, schütteln, abseihen,
1 TL kandierter Kumquatnektar	garnieren.
Zitronenscheibe	

Drei Uhr morgens war es, als wir nach unserem achten und letzten Martini des 1996er Martini-Wettbewerbs von Seattle – einem fruchtigen Fortunella (italienisch für ›Kleines Glück‹) als perfektem Dessert nach einem martinireichen Abend – die Grenze vom Bundesstaat Washington nach British Columbia überqueren wollten. Die Zollbeamtin winkte uns ohne weitere Fragen durch. Vielleicht erkannte sie uns wieder, vielleicht wollte sie auch nur sehen, was die Polizei einige hundert Meter weiter vorn an der Straßenecke mit einem aufgestylten Pärchen mit jeder Menge Party-Polaroidbildern auf dem Rücksitz anstellen würde.

»Schickes Outfit!« meinte die Polizistin, als sie ihren Taschenlampenstrahl über uns und dann die Fotos gleiten ließ. »Frisch verheiratet?«

»Nein«, erwiderte ich und warf einen verstohlenen Blick auf all die Wagen, die sie in jener Nacht bereits einkassiert hatten, »wir kommen gerade vom Martini-Wettbewerb in Seattle.«

Sie hob nur eine Augenbraue. »Und?«

»Nur ein Schlückchen, ein paar Stunden, bevor wir losfuhren, mehr nicht.« Ich deutete auf Anistatia neben mir (die nur mühsam ein Kichern unterdrückte) und erklärte: »Sie hat heute den Schwarzen Peter gezogen und mußte trinken.«

Ich rechnete damit, daß sie uns jetzt aussteigen lassen würde, aber sie winkte uns weiter. Vielleicht, so schoß es mir beim Anfahren durch den Kopf, brachte einem so ein Fortunella ja wirklich Glück!

WILLIAM TELL

kreiert von Lola bei Lola's im Century House

 Stehen lassen
60 ml Absolut Wodka
1 Schuß Apfelsaft
1 Schuß Rose's Lime Cordial

Limettenscheibe

 Der **Palace Apple Skyy** des Palace Kitchen besteht aus 45 ml Skyy Wodka, 15 ml Bizouard Calvados, 2 Tropfen Goldschlager und Garnierung aus gerösteten Apfelscheiben.

Nach einem Rezept des *Playboy's Host & Bar Book* wird der **Saint-Lô** aus 60 ml Absolut Wodka, 15 ml Calvados und 1 Schuß Zitronensaft gemischt.

Für unsere eigene Variante **Apple Pie** mixen Sie 60 ml Stoli® Zinamon Wodka mit 1 Schuß Calvados und garnieren mit einer Zimtstange oder Zitronenschale.

Zuerst dachten sie, es beträfe nur Rotwein, dann vielleicht Bier. Schließlich mußten die Mediziner zugeben, daß jedes alkoholische Getränk – in Maßen genossen (was soviel heißt wie: ›wenig im Jetzt, dann bleibt mehr fürs Später‹) – gesundheitsfördernd ist.

In diesem Sinne könnte man auch das beliebte medizinische Sprichwort vom täglichen Apfel zur Gesundheitsvorsorge erweitern auf: ›An apple *Martini* a day keeps the doctor away.‹ Wobei drei oder vier Apfel-Martinis natürlich anregender und köstlicher sind als nur einer … Wie sagte doch ein anonymer Alkoholliebhaber? »Wer nur einen Drink pro Abend hat, stirbt eben auf 'ne andere Art.«

Lektion Zwei: Vermeidung eines Katers

Bevor Sie zu Bett gehen (oder umfallen), können Sie Präventivmaßnahmen ergreifen. Nehmen Sie zwei Aspirin und trinken Sie einen halben bis einen Liter Orangensaft. Ein Grund für Ihr Katerkopfweh ist möglicherweise das Zusammenziehen der Blutgefäße im Gehirn, und Aspirin wirkt dem entgegen. Ein anderer Grund für die typischen Beschwerden ist Austrocknung, da Alkohol Ihrem Körper Flüssigkeit entzieht. Dagegen hilft der Orangensaft. Und nehmen Sie eine Vitamintablette. Es geht das Gerücht, daß ein Mangel an Vitamin B mitverantwortlich ist für den Hirnschaden, den Karrieretrinker davontragen.

MARTINI NAVRATILOVA

kreiert von Lola aus Lola's im Century House

 Stehen lassen
60 ml Absolut Wodka
1 Schuß Gatorade | Zitronenscheibe

»Ich verstehe nicht, warum mehr Leute den Friend of Dorothy bestellen als den Martini Navratilova«, wunderte sich Lola. »Denn Gatorade ist eigentlich viel besser. Es ersetzt die Elektrolyte, die man beim Trinken verliert, so daß man keinen Kater bekommt.«

Elektrolyte, das sei all jenen von Ihnen erklärt, die ihre Chemiestunden verschlafen haben, sind Salze. Nicht das Natriumchlorid, das man auf Brezeln findet, sondern andere Salze, die Ihr Körper braucht. Vielleicht haben Sie gesehen, wie gut das bei Athleten wie Martina Navratilova wirkt, also muß es ja auch für die Teilnehmer der Party-Olympiaden von Nutzen sein. Außerdem wirken Sie selbst neben einem grünlichen Drink niemals so grün wie Jared an einem schicksalhaften Morgen danach:

Ich saß um elf Uhr früh im *Empire Diner* (was eine sehr uncoole Zeit dafür ist) und klammerte mich an der Tischkante fest, was die Rotation des Raumes jedoch in keiner Weise verlangsamte. Ich vermute, die Bedienung erkannte die Anzeichen meines Katzenjammers (obwohl ich sie lediglich darum gebeten hatte, das Wasser leiser einzuschenken), denn sie bedachte mich mit einem mütterlichen Lächeln. »'N Kater, hm?«

»Nein«, entgegnete ich und rollte ein Auge meines mittlerweile auf der Speisekarte ruhenden Kopfes himmelwärts. »Die grüne Hautfarbe kommt von den Echsen unter meinen Vorfahren.«

Das Rezept für ›Eggs Benedict‹ wurde im Jahr 1894 von Lemuel Benedict erfunden, einem Stammgast des Waldorf-Astoria. Er hatte einen Kater, und auf der verzweifelten Suche nach einem Heilmittel bestellte er pochierte Eier auf Butter-toast mit Schinken und darauf Sauce Hollandaise. Der Küchenchef war so beeindruckt, daß er dieses Gericht nach Mr. Benedict benannte.

LAVA LAMP

Schütteln
90 ml Absolut Wodka
1 Schuß Chambord (Himbeerlikör)
1 Schuß Honig

Chambord und Honig mit einem Löffel in ein Schnapsglas füllen. Den Wodka auf Eis schütteln und in ein Glas abseihen, dann die Mixtur mit dem Löffel hineingeben.

Beim **Orange Lava Lamp** wird der Chambord durch 4 Tropfen Angostura Bitters ersetzt.

Der **Black Martini** ist einfacher zu mixen. Schütteln Sie Wodka und Chambord und lassen den Honig weg.

Im *Loring Café* in Minneapolis wird der **Captain Lambchop** serviert: 60 ml Wodka, 30 ml süßer und saurer Cocktail-Mix, 15 ml Chambord, je 1 Spritzer Cointreau, Grand Marnier, Rose's Lime Cordial und 3 Limettenscheiben als Garnierung.

Für den **Red Skyy** des *Naked Lunch* in New York mischen Sie 30 ml Skyy Wodka, 45 ml himbeerweißen Trauben-saft und garnieren mit Brombeeren. Schwenken Sie das Glas vorher mit Martini & Rossi Extra-Dry Vermouth aus und drehen den Rand in rotem Zucker (erhältlich in der Backabteilung vieler Supermärkte).

Wenn Sie einen pinkfarbenen Martini mixen wollen, probieren Sie den **Jack Horner**: 60 ml Stolichnaya Wodka, je 1 Schuß Sljivovica Old Plum Brandy oder Slibowitz, frischer Orangensaft, frischer Zitronensaft und als Garnierung eine in Brandy eingelegte Kirsche.

Der ultimative pinke Martini ist der **Purple Haze**. Dafür mischen Sie 60 ml Stolichnaya Wodka mit je 1 Schuß Blue Curaçao und Himbeersaft für die Farbe. Zum gleichnamigen Jimi Hendrix-Song schmeckt er noch besser.

Wenn das Ihre Nostalgie-Anfälle nicht besänftigt hat, dann versuchen Sie mal Patrick Gerdings **Gilligan's Island** (so benannt nach der TV-Serie über sieben Schiffbrüchige Ende der sechziger Jahre) aus 60 ml Absolut Wodka und je 1 Schuß Ananassaft und Grand Marnier, garniert mit Limettenschale.

Die Lava-Lampe – neben Wasserbetten und Flokatiteppichen ein Symbol der Siebziger – hat aus irgendeinem Grund überlebt. Vor nicht allzu langer Zeit saßen wir nachmittags in einer voll siebzigermäßig gestylten Bar, wo sie vom frühen Parliament Funkadelic bis hin zum Titelsong von ›Bezaubernde Jeannie‹ alles spielten. Wir unterhielten uns über pelzimitatbezogene Sitzsäcke, Flitzer, Achtspur-Tonbänder, Plateausohlen, Polyesterhemden, Kiss, Drei Engel für Charlie und alles andere, das inzwischen zur nostalgieschweren Vergangenheit gehört. Wir beobachteten eine Lava-Lampe hinter der Bar und fragten uns nach einer Weile, ob man so etwas bei einem Martini wohl auch hinkriegt.

Zu Hause probierten wir alles mögliche aus und fanden schließlich ein Rezept, bei dem am Boden des Glases dieselben sanften Farbwolken wogen. Man kann dabei zwar nicht von einem ernsthaften Martinirezept sprechen, aber es gibt Zeiten im Leben, da muß man nicht immer alles so ernst nehmen. Für genau solche Zeiten ist dieser Drink gedacht.

Lektion Drei: Linderung eines Katers

Lassen Sie uns zunächst mit einem weit verbreiteten Irrtum aufräumen: Alkohol am Morgen danach kuriert keinen Kater. Es zögert nur das Unvermeidliche hinaus (wir haben Leute kennengelernt, die das schon seit Jahren tun, und glauben Sie uns: das ist nicht gesund), und dann wird es nur noch schlimmer.

Wenn Sie sich mutig genug fühlen, versuchen Sie es mit folgenden Hausmitteln: Mentholöl inhalieren; Prairie Oyster trinken (Worcestersauce, Zitronensaft, 1 rohes Ei und 1 Schuß Wodka) oder einen Eye Opener (1 rohes Ei und Zitronensaft mit 1 Schuß Whisky oder Gin). Nehmen Sie eine heiße Dusche, gehen Sie in die Sauna oder ins Dampfbad. Essen Sie ein paar Stunden lang sehr wenig und füllen Sie Ihre Flüssigkeitsreserven wieder auf. Und so werden Sie die verquollenen Augen los: Legen Sie eine Minute lang einen Teelöffel in Eiswasser. Schließen Sie die Augen und drücken Sie den kalten Löffel sanft auf das untere Lid.

BLUMEN UND SCHOKOLADE

Martinis als Dessert

Blumen, Schokolade und betörende Cocktails sind außerordentlich romantisch. Eine Zeitschrift führte vor kurzem bei ihren Lesern eine Umfrage durch: ›Ist Schokolade besser als Sex?‹ Wir meinen: warum sich entscheiden? Schokoladen-Martinis haben etwas von beidem.

Warum sollte man Schokoladen-Martinis mixen, wo es doch so viele andere kakaohaltige Getränke gibt? Weil sie süffig, aber nicht zu süß sind, die entspannende Wirkung eines Martini besitzen und beim ersten Probieren eine unglaubliche Überraschung darstellen.

Blumen als Cocktail-Garnierung können eine echte Aussage sein – ob Sie nun den Frühling begrüßen oder Ihrem mittwinterlichen Hüttenkoller Ausdruck verleihen möchten. Und wenn es einmal Anlaß für mit Rosenblättern bestreute Bettlaken gibt, können ein paar passende Martinis vorweg die richtige Stimmung erzeugen.

Falls Sie noch niemals Blütenblätter probiert haben: sie sind weder scharf noch süß. Tatsächlich schmecken die meisten eßbaren Blüten leicht würzig und passen somit perfekt zu Martinis. Rosenblüten, zum Beispiel, schmecken überraschend trocken und duften nur ganz schwach nach Rosen.

Konservierte Blütenblätter:

Wenn Sie Ihren Drink mit Blumen oder Blütenblättern garnieren möchten, vergewissern Sie sich, daß sie pestizidfrei sind. Einige Feinkost- oder Naturkostgeschäfte verkaufen eßbare Blumen. Gut geeignet sind Kapuzinerkresse sowie Rosen, Veilchen und Gänseblümchen (das gelbe Innere schmeckt allerdings bitter). Man kann sie frisch oder konserviert verwenden.

Um Blütenblätter zu konservieren, streuen Sie eine Schüssel mit Zucker aus. Legen Sie die Blüten so auf den Zucker, daß sie einander nicht berühren. Streuen Sie mehr Zucker darüber und lassen Sie alles ein paar Tage lang an einem kühlen, trockenen Ort stehen. Um zuckerkrustige Blütenblätter zu bekommen, streichen Sie sie vorher mit etwas Eiweiß ein.

Die würzige Variante stammt aus Japan: bestreuen Sie die Blüten auf einem Teller mit Salz und lassen Sie einen Tag lang einen weiteren Teller zum Beschweren darauf liegen. Vor dem Gebrauch sollten die Blüten kurz unter heißem Wasser abgewaschen werden.

THE 911

kreiert von Lola bei Lola's im Century House

 Stehen lassen
60 ml Absolut Wodka
1 Schuß Godiva Chocolate Liqueur
1 Schuß frisches Himbeerpüree

frische Himbeeren

 Der **Chocotini** des *Ken Stewart's Grille* besteht aus 60 ml Absolut Wodka und 30 ml weißer Crème de Cacao und wird mit einer frischen, gut gewaschenen Erdbeere garniert.

Sie alle kennen den schmerzvollen Schrei eines Schokoholics, der am späten Nachmittag unter Entzug leidet (»Ich brauche sofort eine Schokoladeninjektion!«). Sie haben solche Menschen schon vor Riesen-Toblerone-

Riegeln sabbern und beim ersten Biß eines handgerollten Schokoladetrüffels orgasmische Befriedigung erleben sehen. Nun, einige dieser lüsternen Seelen sind auch Martinitrinker. Bevor wir eines Abends im *Lola's* essen gingen und unseren Appetit mit The 911 anregten, kannten wir die suchterzeugende Wirkung eines Schokoladen-Martinis noch nicht. Dann begriffen wir. Einige Drinks später bestellten wir Entenpastete und gegrillte Lammkoteletts.

Puristen könnten meinen, ein Schokoladen-Martini, der im selben Shaker gekühlt wird wie ihre klassische Mischung, sei ein Sakrileg. Schokolade aber ist – genau wie Martinis, Musik und denkwürdige romantische Begegnungen – ein verführerisch sinnlicher Genuß. Warum sollte man also nicht zwei schöne Laster in einem Shaker vereinen, während man dem dritten lauscht und vielleicht mit dem vierten das Resultat genießt?

TOOTSIE ROLL MARTINI

kreiert von Jerry Langland

Schütteln
60 ml Absolut Wodka
60 ml Godiva Chocolate Liqueur
15 ml Grand Marnier
Orangenscheibe

Wenn Sie einen stärkeren Orangengeschmack wünschen, kann anstelle von Grand Marnier auch Cointreau verwendet werden.

Für unser eigenes Rezept, den **Chocolate Blossom**, mischen Sie 60 ml Absolut Wodka, 1 Schuß Godiva Chocolate Liqueur und 1 Spritzer Triple Sec und garnieren mit einer frischen Kapuzinerkresse-Blüte (siehe Garnierungsanleitung für Blüten auf Seite 113).

Wie Langland erklärte, sind die Variationen zu diesem Thema endlos. Versuchen Sie es mit anderen Geschmacksrichtungen wie Amaretto, Frangelico oder Chambord.

Langlands **Double Chocolate Martini** besteht aus gleichen Teilen Stolichnaya Wodka, Godiva Chocolate Liqueur und Kahlua oder Baileys Irish Cream.

Für seinen **Mixed Chocolate/Chocolate Swirl** mischen Sie gleiche Teile Absolut Wodka, Godiva Chocolate Liqueur und Godet White Chocolate Liqueur.

Im *Set 'Em Up Joe* serviert man den **Chocolate Kiss** aus 90 ml Tanqueray Sterling Wodka, 15 ml Bols Dark Crème de Cacao, 1 Schuß süße Sahne mit einem Hershey's Chocolate Kiss als Garnierung.

Der **Chocolate-Tini** der Manhattaner *Jet Lounge* wird aus 45 ml Ketel One Wodka, 15 ml klarer Crème de Cacao, 1 Schuß Martini & Rossi Dry Vermouth gemischt und ebenfalls mit einem Hershey's Chocolate Kiss garniert.

Jerry Langland ist ein Schokoladen-Martini-Experte. Jede Variante, die innerhalb der Region um Chicago zu finden ist, hat er probiert. Das war sicher keine leichte Aufgabe, denn wie wir bei unserem letzten Besuch in der ›Windy City‹ feststellten, ist sie für die Liebhaber von Schokoladen-Martinis ein wahres Paradies. (Vielleicht kommt das von den Bonbon-Duftwolken, die die *Holloway Candy Company* durch die Stadt schickt.)

Jerrys Lieblings-Cocktail, der Tootsie Roll Martini, geht eindeutig auf eine Bonbonart aus Kindertagen zurück: die Tootsie Rolls und Tootsie Pops. Aber das ist noch nicht alles – Jerry Langland hat für beinahe jede Süßigkeit auf Schokoladenbasis ein flüssiges Pendant erfunden, um seiner Leidenschaft zu frönen.

Chicago ist außerdem berühmt (oder berüchtigt) für seine vielen Bars und Nachtclubs sowie seine überaus großzügig bemessenen Drinks, die in kinderbadewannengroßen Cocktailgläsern serviert werden, und die späte Sperrstunde von vier Uhr morgens. Unter diesen Bedingungen war es unnötig, lange nach einer Trinkstätte zu suchen, und unmöglich, nüchtern zu bleiben. Während die Winterwinde durch die Straßen peitschten, wärmten wir uns an köstlichen, fruchtig oder nussig angehauchten Martinis in kakaorandigen Gläsern, garniert mit Pralinen.

Was serviert man zu einem Schokoladen-Martini? Versuchen Sie es mit einem Teller Godiva-Pralinen, eingerahmt von frischen Erdbeeren. Um das Aroma der Früchte zu intensivieren, schneiden Sie deren Spitze ab und stellen sie für kurze Zeit mit der Schnittfläche in ein bis zwei Löffel Balsamessig. (Falls Sie skeptisch sind, versuchen Sie es erst einmal mit *einer* Erdbeere. Wir servierten sie auf diese Weise einmal dem Manager eines Luxushotels, und der wollte ganz erstaunt wissen, wo wir denn in jener Jahreszeit solch wunderbare Erdbeeren her hätten.)

SAKURATINI

kreiert von Suntory Ltd.

Schütteln
90 ml Suntory Reserve Whisky oder
Bombay Sapphire Gin
30 ml Suntory Sakura Liqueur
(Kirschlikör)

konservierte Kirschblüte
(siehe Garnierungsanleitung für
frische und konservierte Blüten
auf Seite 113)

Der im *Lola's* servierte **Ma Chérie** besteht aus 60 ml Wodka mit sonnengetrockneten Kirschen und 1 Schuß Cherry Brandy (siehe *Gewürzte Spirituosen* auf Seite 181).

Während der Kirschblüte in Tokio zu sitzen und Sakuratinis zu schlürfen, erinnerte uns an eine Kunstform, die Japan vor über fünfhundert Jahren in den Westen exportierte: die Blumensteckkunst Ikebana. Die Japaner haben kein Wort für ›Liebe‹. Sie können dieses Gefühl jedoch wortlos zum Ausdruck bringen und Botschaften übermitteln, indem sie dem geliebten Menschen bestimmte Blumenarrangements schicken. (Sie kreierten sogar den perfekten Abschiedsbrief: eine einzige gelbe Rose mit einem Spiegel und einem Kamm, was in etwa bedeutet: »Ich sehe dich nicht mehr jeden Morgen hinter mir, wenn ich mein Haar kämme, weil ich meine Liebe für dich verloren habe.«)

Auch im Westen haben wir die geheime Sprache der Blumen entwickelt. Spielen Sie doch Detektiv und ergründen die Bedeutung so interessanter eßbarer Blumensorten wie etwa Kapuzinerkresse, Pfirsichblüten, Apfelblüten, Jasmin, Kornblumen, Rosmarin, Kirschblüten, Chrysanthemen, Stiefmütterchen, Orangenblüten, Sonnenblumen, Klee, Ringelblumen, Zinnien, Rosen und

Veilchen. Garnieren Sie dann den Cocktail Ihrer Abend-Verabredung mit einer heimlichen Blütenbotschaft! So können Sie mit einigen Drinks vieles sagen, ohne auch nur ein Wort zu sprechen.

Sag's mit Blumen

Wir fanden ein paar eßbare Blütendekorationen, die heimliche Liebesgedanken ausdrücken:

Apfelblüte: »Ich mag dich.«

Chrysantheme: (rot) »Ich liebe dich.« *(andere Farben)* »Ich fühle mich vernachlässigt.«

Gänseblümchen: (weiß) »Du bist unschuldig.«

Pfirsichblüte: »Ich bin dein Sklave.«

Rose: (dunkelrot) »Ich bin schüchtern.« *(weiß)* »Ich bin deiner wert.« *(gelb)* »Ich liebe dich nicht.«

Veilchen: (blau) »Ich bin dir treu.«

DIE SEIDENSTRASSE

Martinis mit Gewürzen und Cajun-Martinis

Jedesmal, wenn wir einen mit Zimt gewürzten Martini trinken, erinnern wir uns an unsere Kindheit, als wir die Ausgaben von *National Geographic* durchwühlten, und die Träume von exotischen Ländern wirbeln uns wieder durch den Kopf. Wollten Sie nicht auch schon mal die Gewürzstraße entlangreisen, die sich von der Elfenbeinküste nordwärts Richtung Algier schlängelt? Wollten Sie nicht auch schon die Seidenstraße erkunden und den Tee des Fernen Ostens gegen europäische Mandeln und andere Genüsse eintauschen? Haben Sie sich nicht auch vorgestellt, wie Sie in das ehemals amerikanische Grenzland vordringen und wie Jack Londons Figuren nach Gold suchen?

Dann nehmen Sie noch einen Schluck Ihres eisig-heißen Cajun-Martini, und wir treffen uns am Mississippi …

Das Geheimnis des ewigen Lebens? Reisen Sie nie an einen unbekannten Ort, gehen Sie nie nach zwanzig Uhr ins Bett, und das immer allein, und trinken Sie niemals einen zweiten Martini. Wenn Sie diese einfachen Regeln befolgen, leben Sie vielleicht nicht ewig, aber es wird Ihnen zumindest wie eine Ewigkeit vorkommen.

THE MOROCCAN ODYSSEY
inspiriert von Gerald Posner

 Schütteln
60 ml Bombay Gin
15 ml Dry Sherry
1 Prise Muskat oder Zimt

Wenn Sie ihn auftreiben können, versuchen Sie Paarl Oloroso: einen trockenen Sherry aus Südafrika.

 Der im *Lola's* servierte **Goldfinger** besteht aus 60 ml Absolut Wodka und 1 Schuß Goldschlager. Wenn Sie sich reich fühlen, knittern Sie als Garnierung einen Hauch Blattgold ins Glas.
Für *Lola's* **Gotham** mischen Sie 60 ml Absolut Wodka und 1 Schuß Luxardo Sambuca Passione Nera.

Auf den legendären Gewürzstraßen von Afrika und Asien transportierte man exotische Gewürze wie Zimt, Muskatnuß, Süßholz und Pfeffer, von denen viele als Bestandteil der geheimen Rezepturen an europäische Gin- und Vermouth-Hersteller geliefert wurden. Die Straße nach Timbuktu bildet außerdem den Hintergrund eines modernen Reiseabenteuers, das uns der Schriftsteller und Journalist Gerald Posner erzählte:
»Vor einigen Jahren reisten meine Frau Trisha und ich nach Marrakesch und beschlossen dort, uns südwärts über den Atlas bis an den Rand der Sahara zu wagen. Nach einigen Tagen der Reise mit Übernachtungen in jahrhundertealten Kasbahs erreichten wir Zagora. Dort endete die gepflasterte Straße (und auch unsere Reise), und die Sahara begann. Am Rande Zagoras stand ein Schild, auf dem in Arabisch und Französisch zu lesen war: › Nach Timbuktu in 52 Tagen per Kamel‹.
Einige Häuserblocks von diesem einschüchternden Hin-

weis entfernt gab es ein Café, geführt von einem leicht
heruntergekommenen Beduinen. Die Sonne ging gerade
unter, als wir das Lokal betraten, in dem nur ein paar
Araber in der Ecke saßen und Pfefferminztee tranken.
Meine Frau und ich hatten eine Erfrischung nötig.

›Kaffee?‹ Nein.

›Kaltes Wasser?‹ Nein.

Wir lehnten auch Pfefferminztee ab, da wir in der voran-
gegangenen Woche bestimmt genug fürs ganze Leben
davon getrunken hatten. ›Limonade?‹ probierte es meine
Frau zaghaft. Doch der Beduine brummte nur und schüttelte den Kopf.

Wir waren schon fast wieder an der Tür, als Trisha mir
zuraunte: ›Am liebsten hätte ich ja einen eiskalten Martini.‹

›Martini?‹ Der Beduine sprang hinter seiner Theke auf
wie von der Tarantel gestochen. Er griff in eine Ecke
neben dem Waschbecken und zog zu unserem großen
Erstaunen ein klassisches Martiniglas hervor. Als er unsere verblüfften Gesichter sah, verzog sich sein Gesicht
zu einem breiten Lächeln.

Wir sahen uns an und machten augenblicklich kehrt, um
uns an einen Tisch zu setzen. Der ganze Sinn unserer
Unternehmung war das Abenteuer, und dieses konnten
wir uns beileibe nicht entgehen lassen. Bis heute wissen
wir nicht, welche Zutaten unser ›Barkeeper‹ da zusam-
menmixte, aber es war zweifellos eine tüchtige Portion
Gin (der, seiner Herbheit nach zu urteilen, schon einige
Zeit in der heißen Saharasonne gealtert war) und meiner
Meinung nach etwas Weißwein, obwohl Trisha Sherry
schmeckte (sie ist Britin und hat einen naturgegebenen
Hang zu Sherry, so daß man da vorsichtig sein muß).
Zum Schluß ließ der Beduine eine mit Anchovis gefüllte

Olive in jedes Glas plumpsen. Alles hatte Raumtemperatur, doch neben der Alternative Pfefferminztee war es ein geradezu märchenhafter Martini. Nicht unbedingt der beste Martini, den wir je tranken, aber wir können uns auch an keinen erinnern, der zu einem passenderen Zeitpunkt oder sehnlicher erwartet serviert wurde. Einer reichte allerdings vollkommen aus, denn uns beschlich die leise Ahnung, daß nach dreien oder vieren davon uns auch die zweiundfünfzigtägige Kamelreise nach Timbuktu erstrebenswert erscheinen würde.«

Hier ein paar Trinksprüche für Ihre Reise nach Afrika oder in den Mittleren Osten:

Ägypten:	Fee sihetak!
Tansania:	Kwa afya yako!
Israel:	L'Chayim!

Gewürzliköre und -schnäpse:

Kümmel:	Kümmel, Aquavit
Zimt:	Goldschlager
Kaffee:	Kahlua, Tia Maria
Ingwer:	Canton Ginger Liqueur
Gewürzkräuter:	Benedictine, Chartreuse, Yellow Chartreuse, Jägermeister, Galliano, Tuaca, Strega
Süßholz:	Luxardo Sambuca Passione Nera, Absinth, Pernod, Ouzo
Nüsse:	Amaretto (Mandel), Frangelico (Haselnuß), Nocello (Walnuß)
Pfefferminz:	Peppermint Schnapps

COPENHAGEN
nach einem Rezept von Kingsley Amis

 Schütteln
60 ml Smirnoff Wodka
15 ml Aquavit

blanchierte Mandeln

 Kingsley Amis, den wir als Martinierfinder ja schon kennengelernt haben, war der Überzeugung, daß die Mandel in diesem Drink ein nordischer Glücksbringer sei, der »deinen Gästen die Zunge lockert, solange bis der Alkohol sie über jedes Thema dieser Welt tratschen läßt«.
Für diejenigen unter Ihnen, die ›skandinavische Courage‹ (also Aquavit) noch nicht kennen: es ist eine klare Flüssigkeit, die ebenso aussieht, eingeschenkt und serviert wird wie eine andere nordische Spezialität: Wodka. Aquavit schmeckt allerdings mehr nach würzigem Roggenbrot als nach Winterweizen, denn er wird mit Kümmel destilliert.

Ein weiterer wohlschmeckender Martini dieser Rubrik wird mit dem sonst eher zu Weihnachten verwendeten Kardamom gewürzt. Im *Raincity Grill* serviert man den **Spicy Rose** aus 90 ml Wodka mit grünem Kardamom-Samen und 1 Schuß Rosenwasser.

Ein alter Freund aus Dänemark kam neulich zu Besuch, und als wir ihm einen Cocktail anboten, sagte er: »In meinem Land trinken wir immer so lange, bis der Barschrank leer ist.« Wir hatten gerade ein paar Flaschen Wodka und eine Flasche Aquavit gekauft und ließen ihn das Schränkchen öffnen, damit er die Undurchführbarkeit seiner Anspielung ermessen könne. Doch er betrachtete den Vorrat, trat einen Schritt zurück … und grinste nur. Da wußten wir, daß es eine lange Nacht werden würde.

Als er die erste Runde extra starker Copenhagens mixte, merkten wir, daß unsere Ängste wohl begründet waren. In einem letzten verzweifelten Versuch, einem schrecklichen Kater zu entgehen, luden wir alle dazu, die wir telefonisch erreichen konnten. Unglücklicherweise aber rief unser Gast jedesmal, wenn wir einen Freund oder eine Freundin am Apparat hatten, aus dem Hintergrund, er oder sie solle noch etwas zu trinken mitbringen. Wie gut, daß wir vor seiner Ankunft auch noch Mandeln gekauft hatten.

JAPANESE MARTINI

kreiert von Suntory Ltd.

Schütteln
90 ml Suntory Juhyo Shochu (Wodka)
1 Schuß Suntory Green Tea Liqueur

frisches Minzeblatt

Das Tokioter Nachtleben besteht aus mehr als Sushi, Yakitori oder Sukiyaki sowie einer Vorstellung im Kabuki-Theater. Unser Freund Hideo nahm uns mit in die City, und trotz unseres Jetlags wurde es eine außerordentlich aufschlußreiche Erfahrung. Nach dem Mittagessen mit frischem Seebarsch, gegrillten Garnelen und Asahi Bier suchten wir die erste Cocktailbar auf, wo wir erfuhren, daß der Spitzname unseres Stadtführers ›Scotch Up‹ sei. Nach ein paar Runden fanden wir uns in einer Karaoke-Bar wieder, wo Scotch Up uns fragte, welche Flaschen er uns kaufen solle. Binnen weniger Minuten hatten wir unsere Spitznamen ›Martini‹ und ›Extra Dry‹ weg, und ein paar Flaschen mit diesen Namen wurden vor uns ins Regal gestellt. In japanischen Bars ist es viel billiger, eine ganze Flasche zu kaufen und sie aufheben zu lassen.

Um vier Uhr nachmittags waren wir reif fürs Bett und lagen um Mitternacht schließlich darin. Um vier Uhr morgens wachten wir wieder auf und hatten aus unergründlichen Gründen mächtigen Hunger. Zum Glück hat der Fischmarkt in Tokio um diese Zeit geöffnet, da die Fischerboote rund um die Uhr einlaufen, und der beste und frischeste Fang wird gleich dort serviert – roh aus dem Meer.

Wichtige japanische Sätze:

Sumi ma sen. Matini, o kudasai. Entschuldigung. Einen Martini, bitte.

Oribu o irette, kudasai. Bitte eine Olive hineingeben.

Lemon no kawa o irette kudasai. Bitte eine Zitronenschale hineingeben.

THE ALASKA

 Schütteln
60 ml Bombay Sapphire Gin
1 Schuß Yellow Chartreuse
1 Spritzer Angostura Bitters

Zitronenschale

 Unser Cocktail **The 180** (so benannt nach der ungefähren Anzahl seiner Gewürze und Aromen) besteht aus 60 ml Bombay Sapphire Gin, 30 ml Yellow Chartreuse und 1 Spritzer Angostura Bitters.

Für unser bevorzugtes arktisches Getränk, den **True North**, mischt man 60 ml Finlandia Wodka, 1 Schuß Peppermint Schnapps und garniert mit einem Stück Würfelzucker.

Bei seinem unverkennbaren goldenen Schimmer besteht kein Zweifel, daß der in den Dreißigern kreierte Alaska (oder auch: The Bijou) nach dem Gold benannt worden war, das so viele Glücksritter um die Jahrhundertwende in jenes eisige Land gelockt hatte. Die Legenden von Nuggets groß wie Pflastersteine sind vererbt, und das Graben nach Gold wurde zur Industrie; inzwischen ist Alaska berüchtigt für seine kühnen Individualisten und seine Martinis.

Nördlich des sechzigsten Breitengrades besteht ein erlauchter Kreis von Martini-Liebhabern, der als ›Fraternal Order of the Saturday Afternoon Martini Brethren‹ bekannt ist. Gegründet wurde er in Dawson City, Yukon, und die Gründungsmitglieder waren Sommer-Saison-arbeiter, die 1995 in der Stadt wohnten und sich trafen, um Martinis zu mixen, zu genießen und darüber zu reden. Der Orden glaubt, daß der Martini Gefahr läuft, bei der jüngeren Generation seinen Stil und seinen Charme zu verlieren (die Mitglieder selbst sind zwischen 18 und 28); also treffen sie sich, um ihr Lieblingsgetränk im angemessenen Rahmen zu feiern. Ein Teil des Aufnahmerituals besteht darin, mindestens eine Anekdote über einen Martini zu erzählen, den Namen so oft wie möglich zu benutzen und natürlich Gin-Martinis zu trinken. (Der öffentliche Genuß von Wodka-Martinis kann den Ausschluß aus der Gruppe bedeuten.)

Der erste, ursprüngliche Club (der auch eine Frau als Gründungsmitglied hat) wählte Tagish Elvis zu seinem spirituellen Führer. Elvis reist in seinem babyblauen

Cadillac und mit einem Karaoke-Gerät durch Yukon und unterhält ahnungslose Leute. Elvis ist auch der Überzeugung, daß Aliens auf die Erde kamen und ihm sagten, er sei der wahre Elvis. Er wechselte von Martinis zu Gin-Tonics, als seine fünfte Frau ihn verließ, aber er trifft sich noch immer mit den Ordensbrüdern.

Die Nachfrage nach Martinis ist in Yukon so groß, daß das Westmark Hotel in Dawson City den Meister-Martinimixer Chris Dore ›aus dem Süden‹ sowie ein Zigarettenmädchen namens Frenchie anheuerte, um ihre Martini-Nights mit strenger Kleidungsvorschrift in der *Mercury Lounge* durchzuführen.

Das Westmark Hotel ist auch Sitz der exklusiven ›Sour Toe Cocktail Society‹. Um Mitglied zu werden, müssen Sie Ihren Lieblingsdrink, garniert mit einem konservierten menschlichen Zeh, trinken, wobei der Zeh mindestens einmal Ihre Lippen berühren muß. Beim letzten Durchzählen belief sich die Zahl der Mitglieder auf 12 450.

Herr Ober, da ist ein Krakenarm in meinem Martini!

Zu den eher ungewöhnlichen Garnierungen gehören geräucherter Baby-Oktopus, ein Cornichon, eine Kürbisblüte, ein konservierter menschlicher Zeh (nicht zum Verzehr geeignet), eine Knoblauchzehe, ein Gummibärchen, eine eingelegte Cocktailtomate, ein Hershey's Chocolate Kiss, eine Kumquat, Kaviar, eine Haselnuß, ein Radieschen, ein eingelegtes Wachtelei und eine Anchovis.

A CAJUN COMBUSTION ENGINE
kreiert von Jim Hall

Schütteln	eingelegte Serrano Chili
90 ml pfeffergewürzter Bombay	(siehe Gewürzte Spirituosen
Sapphire Gin	auf Seite 181)

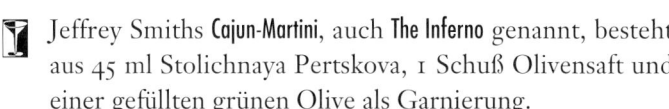

Jeffrey Smiths **Cajun-Martini**, auch **The Inferno** genannt, besteht aus 45 ml Stolichnaya Pertskova, 1 Schuß Olivensaft und einer gefüllten grünen Olive als Garnierung.

Für den **Peppertini** im *Oliver's* des Mayflower Park Hotels wird Eis mit 1 Schuß Cinzano Dry Vermouth überspült und 60 ml Absolut Peppar Wodka dazugegeben. Darüber streut man grob gemahlene rote und schwarze Pfefferkörner und fügt eine marinierte Olive als Garnierung hinzu.

Sean Hamiltons **Spicy Hamilton** erhält seine besondere Note durch Tabasco-Sauce: 60 ml Skyy Wodka, 30 ml Cinzano Dry Vermouth und 3 Tropfen Tabasco werden vermischt. Reiben Sie dann ein Stück Limette um den Glasrand und garnieren Sie mit Zitronenschale.

Für den **Mansion Martini**, serviert im *Mansion* des Turtle Creek in Dallas, spülen Sie das Eis im Shaker mit Tequila, schütteln 90 ml Bombay Sapphire Gin darin und garnieren den Drink mit einer Olive, die mit einem Stück Jalapeño-Pfefferschote gefüllt ist.

Der **Pepper Spray** des *Lola's* besteht aus 90 ml mit dreifarbigem Pfeffer gewürztem Wodka (siehe *Gewürzte Spirituosen* auf Seite 181).

Der Sänger Jimmy Buffett singt in einem Lied über den Cajun-Martini: »Wir sind die Leute, vor denen uns unsere Eltern immer gewarnt haben.« Doch woher stammt dieser Schluck flüssiges Feuer? Häufig wird der bekannte Barbesitzer Paul Prudhomme aus Louisiana als Erfinder des Cajun-Martini genannt – obwohl das seiner eigenen Aussage nach unbeabsichtigt geschah:

»Am Anfang war es eigentlich nur ein Scherz, weil wir keinen Schnaps ausschenken, unsere Lizenz dafür nach Absprache mit den Pächtern aber behalten wollten. Also legten wir eine Cayenne- und eine Jalapeño-Pfeffer-schote in je eine Flasche Wodka und eine Flasche Gin und stellten auch eine kleine Flasche Vermouth dazu. Ich glaube, die ersten Flaschen hielten so um die drei Monate. Dann auf einmal … schenkten wir pro Nacht zehn oder zwölf Liter davon aus.«

Zum Glück blieb der geniale Einfall für den Erfinder nicht nutzlos, denn Prudhomme produzierte sehr bald seine eigene Marke bereits fertig gemixter Cajun-Martinis.

Was heißt ›Cajun‹ überhaupt? Manchmal vergessen wir, daß der Rest der Welt nicht Mexiko vor der Tür und Louisiana im Wohnzimmer hat. Für jene unter Ihnen, die nicht verstehen, was so lustig daran ist, daß die Firma Chevrolet ihr Modell ›Nova‹ auch südlich der nordamerikanischen Grenze vermarktet (das Wort heißt im Spanischen etwa ›läuft nicht‹), erklären wir hiermit, daß Jalapeño eine kleine grüne Chilischote ist, auf der wir trotz ihrer Schärfe gern herumknabbern, um uns daran zu erinnern, wie schön das Leben wirklich ist. Die Cajun-Küche, deren Wurzeln zum Teil in Frankreich liegen, ist eine ganz hervorragende Kochkunst in den Sümpfen des Tiefen Südens.

Wenn Sie sich immer noch scheuen, mit Chili gewürzte Getränke zu sich zu nehmen, bedenken Sie, daß es eine drastische Verbesserung zur 1930er Version des gepfefferten Martini ist. Der Miner's Cocktail von damals bestand aus zwei Schnapsgläsern Gin, einem Schuß Zitronensaft und zwei kräftigen Prisen frisch gemahlenem schwarzen Pfeffer.

Jeder Mensch hegt schöne Erinnerungen an Dinge, die er gern noch einmal erleben würde, aber manchmal bleiben uns gerade die Momente am besten im Gedächtnis haften, die wir nie wieder erleben möchten. So saßen wir eines sonnigen Nachmittags in der Naves Bar *in Fairfax, Kalifornien, als das Wort ›geschüttelt‹ völlig neue Dimensionen bekam. Steve, der Barkeeper, hatte gerade einen Shaker gefüllt und den Deckel geschlossen, als ein Beben die Bar erschütterte. Wir werden nie erfahren, ob er vor Angst erstarrt oder einfach der coolste Barkeeper der Welt war, denn inmitten der zitternden Wände und klirrenden Flaschen stand er eine halbe Minute lang vollkommen reglos und hielt den Deckel des Shakers fest. Als das Beben vorüber war, sprach er kein Wort – und schüttelte den Shaker kein einziges Mal. Er seihte den Inhalt lediglich in das bereitgestellte Glas, schob den Drink über die Theke dem Mann zu, der ihn bestellt hatte (und schließlich unter einem Tisch hervorgekrochen kam, um ihn zu trinken), und wischte die Theke ab. Unnötig zu erwähnen, daß wir die nächste Runde gerührt bestellten …*

»Ich trinke Martini nur, um meine Schmerzen zu lindern.«
»Und was für Schmerzen haben Sie?«
»Absolut keine. Da seh'n Sie mal, wie gut er wirkt.«

WAKE-UP CALL

Schütteln
60 ml mit frischem Ingwer und
Zitronenschale gewürzter Wodka
1 Schuß Ginseng-Extrakt

Zitronenschale (siehe Gewürzte
Spirituosen auf Seite 181)

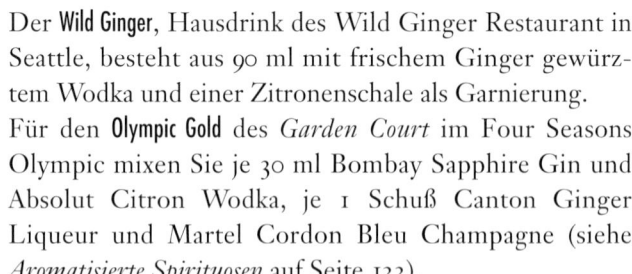

Der **Wild Ginger,** Hausdrink des Wild Ginger Restaurant in Seattle, besteht aus 90 ml mit frischem Ginger gewürztem Wodka und einer Zitronenschale als Garnierung.

Für den **Olympic Gold** des *Garden Court* im Four Seasons Olympic mixen Sie je 30 ml Bombay Sapphire Gin und Absolut Citron Wodka, je 1 Schuß Canton Ginger Liqueur und Martel Cordon Bleu Champagne (siehe *Aromatisierte Spirituosen* auf Seite 133).

Der Wake-Up Call war unser erster Versuch, einen Wodka mit frischen Gewürzen zu aromatisieren. Wir hatten in unserer Bar einige interessante Kombinationen erspäht (dort standen große Fünf-Liter-Glasbehälter mit Wodka, in dem verschiedene Früchte eingelegt waren, stolz im Regal hinter der Theke), aber erst, als ein Blizzard die Stadt für ein paar Tage lahmlegte, versuchten wir es gezwungermaßen mit einer eigenen Variante.

AROMATISIERTE SPIRITUOSEN

Martinis mit aromatisiertem Wodka

Als Peter I. im Jahr 1682 Zar wurde, war Rußland kalt und rauh. Vom ersten Tag seiner Herrschaft an war Peter als Workaholic bekannt, der endlos trinken konnte und eine Abneigung gegen politischen oder religiösen Pomp hegte. Noch vor seinem fünfundzwanzigsten Geburtstag war er bereits berühmt und berüchtigt. Dann begab er sich auf eine sechzehnmonatige Reise durch Westeuropa. Inkognito bereiste er Deutschland, Österreich, die Niederlande und England. Und anstelle der üblichen Souvenirs wie Skulpturen oder Gemälde brachte der junge Zar technische Neuerungen, fremde Sitten und Gebräuche, neue Moden, Rezepte und eine Horde von Handwerkern und Beratern mit nach Hause. Peter (der mittlerweile seinen Beinamen ›Peter der Große‹ erworben hatte) ließ seine neue Kulturarmee nach eigenen Architekturideen eine wunderschöne Stadt erbauen: St. Petersburg.

Abgesehen von einem neuen Stilbewußtsein schenkte Peter dem Land auch eine eigene aromatisierte Version seines Nationalgetränks Wodka, da er Geschmack an der westlichen Vorliebe für Pfeffer, Beeren und Gewürze gefunden hatte. Drei Jahrhunderte später inspirierte der Geschmack Peters des Großen moderne Barmixer zu einer ganzen Reihe von Martini-Varianten.

Es gibt zwei verschiedene Möglichkeiten, Spirituosen zu aromatisieren – einmal durch das Hinzufügen von Frucht- oder Gewürzbestandteilen zum vormals reinen Getränk, zum anderen durch das Mitdestillieren von Früchten oder Gewürzen, wodurch der reine Charakter der Spirituose gewahrt wird. Da Stil ein so wichtiges Element der Bar- und insbesondere der Martinikultur ist, bieten aromatisierte Wodkas die beste Möglichkeit, ein individuelles Martini-Repertoire zu erstellen.

Auf dem Markt erhältliche aromatisierte Wodkas (nur teilweise in Deutschland):

Zimt:	Stoli® Zinamon
Kaffee:	Stoli® Kafya
Preiselbeere:	Finlandia Cranberry
Johannisbeere:	Absolut Kurant
Schwarzbeere:	Moskovskaya Pertsovka
Zitrone:	Absolut Citron, Smirnoff Citrus Twist, Moskovskaya Citrovka
Orange:	Stolichnaya Ohranj
Pfirsich:	Stoli® Persik
Pfeffer:	Absolut Peppar
Ananas:	Finlandia Pineapple
Himbeere:	Stoli® Razberi
Erdbeere:	Stoli® Strasberi
Vanille:	Stoli® Vanil

THE DREAMSICLE

kreiert im Set 'Em Up Joe

Schütteln   Orangenscheibe
90 ml Stolichnaya Ohranj Wodka
1 Schuß Liqueur 43
1 Schuß Orangensaft
1 Spritzer süße Sahne

Der gleichnamige Hausdrink bei **Becco's** besteht aus 45 ml Stoli® Ohranj Wodka, 22,5 ml Martini & Rossi Sweet Vermouth und je 1 Schuß Curaçao und Campari.

134

Für den **Muscovy Martini** mischt man je 30 ml Stoli® Zinamon und Stolichnaya Ohranj Wodka und je 15 ml Triple Sec und Orangensaft und garniert mit einer Prise Zimt.

Okay, hier ist also der einzige Drink, den wir nicht zu den Martinis zählen. Warum er trotzdem in diesem Buch steht? Weil er so gut ist!
›Creamsicles‹, jene Eiskreation aus Vanilleeis mit Orangensorbet, war für uns Kinder früher die perfekte Ergänzung eines jeden Sommernachmittags. Der ›Dreamsicle‹ ist die Version für Erwachsene. Er hat weniger Zucker als der Creamsicle, aber immer noch viel Sahne. Wir versuchten es mit fettarmer Sahne, aber anders als Cappucinos – die mit fettarmer Milch besser werden – brauchen Dreamsicles ihren Anteil an dicker, fetter Sahne. Man kann dieses Getränk sogar wie eine Portion Eis ins Glas füllen (etwas, das wir bei einem Martini nie empfehlen würden). Wenn Sie keinen Liqueur 43 auftreiben können, tut es auch Cointreau. Und wenn Sie mit der Sahne in Ihrem Drink nichts anfangen können, nehmen Sie statt dessen einen großzügigen Schuß Stoli® Vanil. Das schmeckt ähnlich, hat aber weniger Kalorien.

CHICAGO NIGHTS

 Schütteln
60 ml Bombay Sapphire Gin
30 ml Stoli® Persik Wodka

Orangenscheibe

 Unsere Variante **Kiev Spring** besteht aus 60 ml Stoli® Strasberi Wodka, 30 ml Stoli® Persik Wodka und 1 Spritzer frischem Zitronensaft.

Für unseren **Georgian Twist** mischt man 60 ml Absolut Curant Wodka und 1 Schuß Absolut Citron Wodka.
Clark Trevetts **The Squeeze** besteht aus 180 ml eisgekühltem Absolut Citron Wodka und wird mit in Zitronensaft eingelegten Oliven garniert.

Ich wuchs im Rush Street District von Chicago auf, als in den frühen Sechzigern die Blütezeit des Cocktail begann, und wurde Zeuge vieler Partyszenen, die aus der *Reifeprüfung* oder *Barfuß im Park* hätten stammen können. Hugh Hefner hatte gerade seinen Playboy Club in der Walton Street eröffnet, und Nachtclubs wie *Mr. Kelly's* und *Gate of the Horn* waren täglich bis vier Uhr früh rappelvoll. Wer mußte da noch spekulieren, was die Erwachsenen jede Nacht taten, um Spaß zu haben? Alles, was ich tun mußte, war, die nächtliche Parade von meinem Zimmerfenster aus zu beobachten.
Eines Abends ging ich nach oben zu unserem Indoor-Swimmingpool und fand mich umringt von Leuten in Smokings und Chanel-Kostümen, die – Martinis in den Händen – gerade im Begriff waren, voll bekleidet ins Wasser zu springen.
Dieser Martini fängt etwas von der Stimmung jener Nacht ein – aber gießen Sie ihn nicht in Ihren Swimmingpool!

ALEXANDER NEVSKY MARTINI

kreiert von Carillon Importers Ltd.

 Schütteln
60 ml Stoli® Razberi Wodka
30 ml Bombay Sapphire Gin

4 frische Himbeeren und einige
Tropfen Framboise oder Kirschwasser

 Unsere eigene Variante **Vladivostok** wird aus 60 ml Stoli® Strasberi Wodka, 30 ml Stoli® Razberi Wodka sowie 1 Schuß Macallan Scotch gemixt und mit einem Stück Orangenschale garniert.

Für unseren **Petrograd** mischen Sie 60 ml Stoli® Razberi oder Strasberi Wodka mit 1 Schuß frischen Limettensaft und garnieren mit frischen Beeren.

Unser **Nureyev** besteht aus 60 ml Stoli® Razberi Wodka, 30 ml Stolichnaya Ohranj Wodka und 1 Schuß Vanillelikör.

Ich wünschte, wir wüßten noch, in welcher Bar wir diesen Drink zum ersten Mal probierten. Aber es war die vierte oder fünfte Bar an jenem Abend, und wir vergaßen all unsere Polaroidbilder im fünften oder sechsten Taxi. (Im Normalfall liefern sie gutes Beweismaterial zu der Frage: »Wo bin ich letzte Nacht gewesen?«) Die Bedienungen trugen alle das in diesem Jahr moderne kleine Schwarze, das kaum die im letzen Jahr modernen Tattoos verdeckte. Die Gäste waren sowohl in Smokings und hautenge Samtkleider gewandet als auch in Polyesterpullover unter altmodischen Paisley-Seidenjacketts à la Hugh Hefner und schulterlose Cocktailkleider aus Taft mit passenden Stilettoabsätzen und schwarzen Zigarettenspitzen.

Wir hatten die Alexander Nevkys nicht bestellt (und auch nichts anderes), als unsere Bedienung zwei dieser Himbeercocktails auf unseren Tisch stellte. Nun, man muß uns nicht zweimal einladen, um einen neuen Drink zu probieren! Und er schmeckte so gut, daß wir noch drei Runden nachbestellten. Und nach langem Suchen konnten wir zumindest das Rezept ausfindig machen.

MIKHAIL'S MARTINI
kreiert von Carillon Importers Ltd.

 Rühren
60 ml Stoli® Kafya Wodka
1 Schuß Stoli® Vanil Wodka

einige Kaffeebohnen

 Unsere Variante **Anastasia** besteht aus 60 ml Stoli® Kafya Wodka und 30 ml Stoli® Vanil Wodka.
Der etwas würzigere **Patricia Petrosk** wird aus 60 ml Stoli® Kafya Wodka, 30 ml Stoli® Vanil Wodka und 1 Schuß Stoli® Zinamon Wodka gemixt.
Für den **Natasha Rambovna** mischen Sie 60 ml Stoli® Kafya Wodka, 30 ml Stoli® Vanil Wodka und 15 ml Godiva Chocolate Liqueur.
Im *Lola's* serviert man **The Three Evils** aus 90 ml mit Espressobohnen gewürztem Wodka und 1 Schuß Godiva Chocolate Liqueur (siehe *Gewürzte Spirituosen* auf Seite 181).

Als wir von Mikhail's Martini hörten, konnten wir es gar nicht erwarten, selbst ein paar Varianten mit Vanille- und Kaffee-Wodka zusammenzustellen. Vielleicht lag es daran, daß wir von so vielen Espressobars umgeben waren, aber der Geschmack war noch besser, als wir erwartet hatten – gehaltvoll, aber nicht zu süß, ein wenig wie Irish Cream Sahnelikör (ohne die extra Kalorien) oder Kaffeelikör (ohne den Zucker).

Es geht doch nichts über einen guten Martini, um ohne schlechtes Gewissen zu schlemmen! Die modernen Drei-Knopf-Anzüge und hautengen Uhrglas-Kleider machen sich nicht gut bei unproportionierten Pölsterchen. Außerdem sind transparente Drinks ein weiteres Plus für modebewußte Genießer: sie müssen sich keine Gedanken über das farblich passende Outfit machen.

Ein Mann muß seine Frau, sein Heim, seine Kinder und seinen Martini verteidigen.

Jackie Gleason

BLOODHOUND

 Schütteln
60 ml Stoli® Strasberi Wodka
1 Schuß Cinzano Dry Vermouth
1 Schuß Cinzano Sweet Vermouth

frische Erdbeere

Der **Classic Bloodhound** aus den Dreißigern wurde aus glei-chen Teilen trockenem und süßem Vermouth sowie Gin gemischt und mit einer Erdbeere garniert. In späteren Versionen wurde 1 Schuß Erdbeerlikör hinzugefügt.

Unsere Variante **Siberian Express** besteht aus 60 ml Stoli® Razberi Wodka, 30 ml Stoli® Vanil Wodka und 1 Schuß Godiva Chocolate Liqueur.

Gern würden wir behaupten, wir hätten den Bloodhound erfunden. Doch dieser Drink reicht bis in die dreißiger

Jahre zurück. Allerdings verleiht ihm der Erdbeer-Wodka, der nicht so süß ist wie Erdbeerlikör, ein neues Aroma.

Eine gefrorene Erdbeere ist ebenfalls eine schöne Garnierung. Die besten Erdbeeren bekommen Sie, wenn Sie sie selbst einfrieren, nachdem Sie die Spitzen abgeschnitten haben. (Die gefrorenen im Supermarkt werden viel herumgestoßen und eignen sich daher besser für Margueritas und Daiquiris.)

Einen großen Fehler begingen wir, als wir gefrorene Erdbeeren im Shaker anstelle von Eiswürfeln verwendeten. Die Erdbeeren schmeckten zwar ganz toll, aber unsere Drinks wurden unansehnlich trüb.

Der perfekte Imbiß zu einem Bloodhound ist ein Teller Erdbeeren, die ein paar Stunden lang in Erdbeer-Wodka eingelegt wurden. Lassen Sie sie zum Einwirken draußen stehen und stellen Sie sie erst kurz vor dem Servieren in den Kühlschrank. (Pfefferminzblätter sind eine schöne Garnierung.)

ELIXIRE DER LEIDENSCHAFT

Martinis für zwei

Fast ganz oben auf der Liste der zehn Dinge, die man besser zu zweit als alleine tut, steht das Martinitrinken. Falls dieser Hinweis nicht genügt, sagen wir es noch einmal deutlicher: Martinis sind sexy. Welches andere Getränk inspiriert zu einem Gespräch über flackerndes Kaminfeuer, Fred Astaire, Cool Jazz und Kerzenlicht? Martinis strahlen stilvolle verführerische Romantik aus, vor allem, wenn sie für zwei gemixt werden.

Eine romantisches Tête-à-tête ist nicht schwer zu arrangieren. Alles, was Sie brauchen, ist eine Prise Hollywood: richten Sie die Bühne, überprüfen Sie die Requisiten (ist Ihre Bar gut bestückt und das Essen vorbereitet, sind die Gläser blitzblank und die Blumen verteilt?) sowie den Sitz Ihres Anzugs bzw. Abendkleids, gehen Sie zur Kosmetikerin, falls nötig, frischen Sie Ihre Cocktailkenntnisse auf und proben Sie Ihre Verführungsphrasen.

Wir haben einige erinnerungswürdige Szenarien und doppelt bemessene Rezepte mit den besten Zutaten zusammengetragen, um Ihre Phantasie zu beflügeln. Aber wir sind sicher, Sie finden auch ein paar eigene.

ROYAL WEDDING
kreiert im Oliver's des Mayflower Park Hotels

Schütteln (für 2 Portionen)
90ml Absolut Wodka
1 Schuß Chivas Regal Scotch

in Vermouth eingelegte Oliven oder
Zitronenschale

Den Scotch in einen Glasshaker füllen, ausschwenken und abgießen. Eis nachfüllen, Wodka darübergießen und schütteln. Die Garnierung in ein gekühltes Glas legen und einschenken. Dieser Cocktail kann auch mit Bombay Sapphire Gin gemixt werden.

In unserer eigenen Variante **Windsor Wedding** wird Chivas Regal durch Macallan Scotch ersetzt.

Es geht doch nichts über eine königliche Hochzeit! Die Vereinigung zweier würdevoller Spirituosen – Wodka und Scotch – ist es definitiv wert, sie mit einem geliebten Menschen zu teilen. Nach einem Tag Abfahrtslauf in den Bergen gibt es nichts Romantischeres, als sich vor einem knisternden Kaminfeuer zusammenzukuscheln und ein paar Après-Ski-Martinis wie den Royal Wedding zu schlürfen. Um sowohl Ihren Geist als auch Ihre Kräfte wiederzuerwecken, überlegen Sie sich, wie romantisch es wäre, von einem Tablett voller Köstlichkeiten – geräucherter Lachs, würziger Käse, frische Birnen und Schokoladetrüffel – zu naschen, während im Hintergrund leiser Jazz erklingt. Denken Sie an die alpinen Liebesszenen in *Der Spion, der mich liebte* und *Im Geheimdienst ihrer Majestät*.

Ach so, Sie sind nicht besonders sportlich veranlagt? Dann können Sie auch an eine Szene aus einem *Playboy* oder einer *Cosmopolitan* der Sechziger denken. Verbringen Sie einen Abend in einer eichengetäfelten Bar und hören ein Jazz Trio *Stormy Monday* spielen, während Sie sich auf einem Zweisitzer oder übergroßen Lehnstühlen räkeln und dabei Ihre gemeinsamen Martinis genießen.

LA DOLCE VITA
kreiert von Holger Faulhammer

Schütteln (für 2 Portionen)
90 ml Bombay Sapphire Gin
90 ml Martini & Rossi Extra-Dry Vermouth

90 ml trockener italienischer Weißwein
1 Spritzer Campari

Im *Garden Court* serviert man Copper Illusion aus 120 ml Beefeater Gin und je 15 ml Cointreau und Campari.
Der Sterling Gold im *Oliver's* besteht aus 120 ml Tanqueray Sterling Wodka und 15 ml Tuaca Liqueur.
Für die Variante des Negroni mixen Sie 90 ml Dry Gin und je 15 ml Campari und Cinzano Sweet Vermouth.

Vielleicht sind Sie in poetischer Stimmung. Ein italienisches Abendessen bei Kerzenlicht hat schon viele romantische Herzen zum Schmelzen gebracht, also wird da wohl etwas dran sein. Sie könnten mit einer Runde rosa schimmernder Dolce Vitas beginnen, während Sie an den frischen Antipasti knabbern. Als Hauptgang nehmen Sie auf keinen Fall Pizza, sondern lieber Nudeln und Salat (es sei denn, Ihre kulinarische Vorstellungskraft und Ihr Budget erlauben Saltimbocca alla Romana oder Portobello Pilzrisotto). Um die richtige Stimmung zu erzeugen, legen Sie leichte Opernmusik oder Tony Bennett, Frank Sinatra, Nat King Cole oder Dean Martin auf.

Ein rustikales Toskana-Picknick wäre ein weiteres viel-versprechendes italienisches Szenario. Ein Picknickkorb gefüllt mit Früchten, frischem Brot, diversen Käsesorten, Mortadella, Salami oder Parmaschinken und eine trag-bare Bar ist alles, was Sie brauchen, um aus einem Land-ausflug ein besonderes Erlebnis werden zu lassen.

NASHVILLE

 Schütteln (für 2 Portionen)
120 ml Absolut Wodka
15 ml Martini & Rossi Dry Vermouth
15 ml Wild Turkey Bourbon

Zitronenschale oder eine
Maraschinokirsche

Südstaatler haben den Ruf, wahre Ladies und Gentlemen zu sein. (Schließlich waren ja auch Scarlet O'Hara und Rhett Butler so brave und zivilisierte Engel.) Nun müs-sen Sie aber nicht unbedingt Minz-Juleps auf der Veranda servieren oder Tillandsien in die Bäume um Ihr Haus hängen, um eine romantische Südstaaten-Stim-mung zu erzeugen.

Fahren Sie einfach nach Nashville, wo Sie das süße, leichte Leben bei einem leckeren Hühnchen-Picknick am Fluß erleben können. In dieser lockeren Atmosphäre fällt es Ihnen sicher leicht, eine lässige Romantik zu erzeugen. Tragen Sie Jeans und ein weites, buntes Baumwollhemd. Ein paar milde Nashville Martinis und ein langsamer Schieber zum ›Tennessee Waltz‹ werden ihr übriges tun, um einen gestreßten Nordstaatler in entspannte, ver-liebte Stimmung zu bringen.

MEZCATINI

Schütteln (für 2 Portionen)
120 ml Absolut Wodka
30 ml Mescal
2 Spritzer Rose's Lime Cordial
 Orangenschale

Den Shaker mit Tuaca Liqueur
ausschwenken, Eis und Wodka
hineingeben und schütteln, bis der
Drink eiskalt ist. Abseihen und
garnieren.

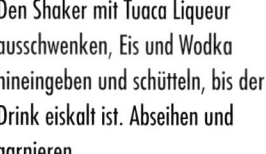

Der Tequini im *Mighty Niagara's* wird aus gleichen Teilen Tequila, Wodka und Dry Vermouth sowie 1 Spritzer Angostura Bitters gemischt und mit Zitronenschale garniert.

In den südamerikanischen Staaten entstanden einige der erotischsten Tänze der Welt: Mambo, Samba, Rumba, Cha Cha und Lambada. Polieren Sie also Ihre Tanzstundenkenntnisse auf und üben Sie den feurigen Blick, wenn Sie in die Fußstapfen von Carmen Miranda und Sonia Braga oder deren männliche Gegenstücke Ricardo Montalban, Fernando Lamas und Antonio Banderas treten wollen. Ein Mezcatini schafft dazu die richtige Stimmung, ebenso wie alles von Carmen Mirandas ›Tico Tico‹ bis hin zu Stan Getz' ›Girl from Ipanema‹ oder das Thema von *Black Orpheus* als Hintergrundmusik.

FRENCH KISS
kreiert im Oliver's des Mayflower Park Hotels

 Schütteln (für 2 Portionen)
90 ml Absolut Wodka
30 ml Kina Lillet Blanc
60 ml Moët et Chandon Brut
Imperial Champagne
 Orangenschale

 Den Shaker mit Lillet ausschwenken, Eis und Wodka hinzugeben und schütteln, bis alles kalt ist. Abseihen und garnieren. Den Champagner erst kurz vor dem Servieren eingießen.

 Unsere eigene Variante **Odessa Splash** besteht aus 120 ml Stoli® Persik Wodka, 60 ml Veuve Cliquot Ponsardin Champagne und einer Zitronenschalen-Garnierung.

Man sagt, die Franzosen leben für die Liebe. Sie genießen ihre Feinheit wie Zitronensoufflé und ihre Herrlichkeit wie einen handgerollten Schokoladentrüffel. Sie sind reserviert und verschlossen, bis sie dem Objekt ihrer Begierde begegnen. Dann brechen sie in überschäumende Ekstase aus. Ein Martini hat dieselbe kühle Sinnlichkeit. Aber können Sie sich vorstellen, wie das ist, wenn diesem Glas voll flüssiger Seide ein Schuß Champagner hinzugefügt wird? Das ist ein French Kiss.
Umrunden Sie in Gedanken das prickelnde Motiv eines für zwei Personen gedeckten Tisches mit weißem Leinentischtuch und langstieliger Rose. Servieren Sie ein sinnliches Dessert wie etwa frische Erdbeeren mit Schlagsahne oder Crème Fraîche. (Sie können ja Nastassja Kinskis lustvolle Erdbeer-Szene aus *Tess* nachspielen oder sich einfach süße Dinge ins Ohr flüstern.)
Der stürmische Tango mag in Buenos Aires erfunden worden sein, doch seine kühl distanzierte Sinnlichkeit erinnert uns an schwach beleuchtete Pariser Bistros. (Auf

den *Letzten Tango von Paris* wollen wir hier gar nicht weiter eingehen.) Sehen Sie sich Charles Boyer als Pépé Le Moko in dem vierziger Jahre-Remake von *Im Dunkel von Algier* an. Sein diskreter und doch schwüler Charme warf Hedy Lamar ganz und gar von den Socken, als er sie einlud, mit ihm in die Kasbah zu kommen.

Worüber wir hier die ganze Zeit sprechen, ist eine Liebesaffäre. Sie mag einen Augenblick andauern oder ein Leben lang, wer weiß das schon? Aber wie jede große Passion sollte sie beseelt und erlesen sein, so daß die Erinnerung ewig bestehen bleibt.

3. Kapitel

GÄSTELISTE

Moderne Martini-Kultur

Die Gesichter mögen sich ändern (wie auch die Mode sich ständig ändert), doch die Cocktail-Gesellschaft feiert ihre Party bereits seit einhundert Jahren, und sie scheint immer noch besser zu werden. Wenn Sie in oder nahe einer größeren Stadt wohnen, finden Sie sehr wahrscheinlich jeden Abend der Woche ein Restaurant, eine Bar oder eine Party, die Ihrer jeweiligen Laune nach entweder gestyltem Outfit oder lässigen Klamotten entsprechen. Wenn Sie in der Stimmung sind aufzufallen, kleiden Sie sich einfach nach genau dem Gegenteil des gebotenen Mottos – wobei es im allgemeinen mehr Spaß macht, ›overdressed‹ zu erscheinen als ›underdressed‹.

»Wie kommt es«, fragte uns einmal jemand, »daß ein so einfacher Cocktail wie der Martini einen solchen Mythos ausstrahlt?« Nun, aus demselben Grund, weshalb der Martini das Universalsymbol für Lounges und Bars ist: er ist mehr als ein Drink – er setzt ein Zeichen, macht eine Aussage, ist ein direkter Hinweis auf Vergnügen. Im Laufe der Zeit hat er das Beste und Schönste an Musik, Mode und Weltanschauung an sich gebunden.

Irgendwo auf der Welt ist immer Happy Hour – der Rest ist einfach gutes Timing.

MARTINI-MUSIK
Klassische und moderne Barmusik

Hier die Geburtstage einiger erinnerungswürdiger Musi-
kerInnen, auf die Sie Ihr Martiniglas erheben können:

Bix Beiderbecke:	10. März
Billie Holiday:	7. April
Ella Fitzgerald:	25. April
Duke Ellington:	29. April
Peggy Lee:	26. Mai
Josephine Baker:	3. Juni
Morgana King:	4. Juni
Dean Martin:	17. Juni
Lena Horne:	30. Juni
Tony Bennett:	3. August
Bobby Short:	15. September
Connie Bennett:	22. Oktober
Lou Rawls:	1. Dezember
Sammy Davis, Jr.:	8. Dezember
Frank Sinatra:	12. Dezember
Cab Calloway:	24. Dezember

Es heißt, Musik bändige jedes wilde Tier. Sie verbessert
darüber hinaus einen nicht so perfekten Martini und ver-
vollständigt einen perfekten. Die klassischen Klänge des
Cocktail-Zeitalters von Bix Beiderbecke, Paul Whiteman
& Orchester, Bing Crosby, Cole Porter, George Gershwin, Fats Waller, Cab Calloway und Josephine Baker
sollten auf Ihrer Liste ganz oben stehen.
Wenn Ihnen das Barmusik-Genre neu ist, sollten Sie sich
ein paar CD-Sampler aus der Ultra-Lounge-Serie von
Capitol Records besorgen, etwa *Mondo Exotica*, *Cha Cha*

De Amour, *A Bachelor in Paris*, *Cocktail Caper*, *Saxophobia* oder *Mambo Fever*, ehe Sie sich mit bestimmten Musikern näher beschäftigen.

Empfehlenswert sind auch *Bachelor in Paradise*, eine Sammlung von MGM-Filmhits, sowie die *Greatest Hits* von Henry Mancini. Polynesisches Flair verbreiten die Martin Denny Combo, Arthur Lymans *Taboo* und *Hawaiian Sunset* von Rykodisc.

Ein Muß für alle Fans der lateinamerikanischen Barmusik sind Juan Garcia Esquivels *Space Age Bachelor Pad Music* und *Mondo Mambo* von Pérez Prado & His Orchestra. Auch Xavier Cougat, Desi Arnaz und Louie Prima (mit Keelie Smith) sollten Sie in Ihre Sammlung aufnehmen.

Das absolute Pflicht-Album für jeden, der die Karneval- und Samba-Klänge aus Rio de Janeiro mag, ist *Getz/Gilberto* von Joào Gilberto und Stan Getz (mit der eindringlichen Stimme von Astrid Gilberto in Songs wie ›Girl from Ipanema‹). Tango-Liebhabern empfehlen wir Astor Piazollas *Concierto Para Bandoneon*.

Die Frankophilen unter Ihnen werden den sexy Gesangsstil von Serge Gainsbourg in Hits wie ›Je t'aime‹ (mit Ex-Ehefrau Jane Birkin) oder ›Bonnie et Clyde‹ (im Duett mit der Sixties-Sexbombe Brigitte Bardot) genießen.

Alles von Frank Sinatra, Tony Bennett, Mel Torme, Sammy Davis, Jr., Dean Martin, Dave Brubeck, Earl Fatha Heinz, Oscar Peterson, Cannonball Adderley, Lou Rawls, Harry Connick, Jr. und Nat King Cole ist Pflicht, nicht zu vergessen die großen Damen Ella Fitzgerald, Yma Sumac, Peggy Lee, Lena Horne, Carmen Miranda und Edith Piaf.

Moderne Barmusik spielen Bands wie Ulterior Motive Quartet, Axel Boys Quartet, Combustible Edison, The Cocktails, Love Jones, Friends of Dean Martinez, Stereolab, JaymzBee und Tim Tomashiro. Aus Japan stammt die Band Pizzicato Five sowie eine CD des Art Van Damme Quintet mit dem Titel *Martini Time*.

Falls Sie mehr Anregungen brauchen – oder falls Sie das Glück haben, zu den musikalisch Begabten zu gehören – und selbst eine Jam-Session planen, sehen Sie sich in dem Film *Hilfe! Meine Braut ist übersinnlich* die Szene mit Jack Lemmon an den Bongos an.

Und wenn Sie schließlich etwas Stimmungsvolles für den Morgen danach wünschen, das Ihrem eventuellen Kater keine gesträubten Nackenhaare beschert, halten Sie sich an Anita O'Days *Nightingale in Berkeley Square*, Squeezes *Sweets for a Stranger*, ›The Java Jive‹ sowie David Byrnes Sammlung brasilianischer Hits mit dem Titel *O Samba*.

DUNKLER ANZUG
Martini-Mode

Wir alle wissen, daß ein Getränk eleganter wirkt, wenn es in einem Cocktailglas mit hohem Stiel und weitem Rand serviert wird. Wenn Sie dazu aber in der Öffentlichkeit ein ausgewaschenes Batik- oder Totenkopf-T-Shirt mit zerfledderter Jeans tragen, könnte es sein, daß Ihrer Begleitung Drink und Stimmung sauer werden.

Wenn Sie sich passend kleiden wollen, gibt es ebenso viele modische Möglichkeiten wie Martini-Variationen. Und wie das Getränk haben auch sie alle eine gemeinsame Wurzel. Es scheint fast so, als hätten in den letzten vierzig Jahren alle Designer von Partykleidern ein paar Wochenenden damit verbracht, sich Fellinis Film *La Dolce Vita* anzusehen (oder ihre Kreationen sehen so aus, als hätten sie das unbedingt tun sollen). Auch ohne erkennbaren Handlungsstrang ist dieser Film – der sich hauptsächlich darum dreht, daß Marcello Mastroianni in Rom von einer Party zur anderen zieht – ein Cocktail-Klassiker.

Weitere großartige Filmquellen für Cocktailmode sind außerdem *Frankie und seine Spießgesellen* (mit Frank Sinatra, Dean Martin, Sammy Davis, Jr. und Angie Dickinson), *Swingers* (aus dem Jahr 1996 – wenn Sie ihn also im Kino verpaßt haben, leihen Sie sich das Video!) und natürlich *Frühstück bei Tiffany*.

U. A. W. G.

Vorbereitung einer Martini-Party

Seit Mitte des letzten Jahrhunderts, als aus jedem nur erdenklichen Anlaß üppige Festbanketts gefeiert wurden (die viktorianische Etikette gebot, daß unsere Urgroßeltern einen Grund haben mußten, um zu feiern), sind Martinis die Glanzlichter einer jeden Party. Die Draufgänger des Jazz Age und die Bonvivants des Cocktail Age wären lieber gestorben als eine gute Cocktailparty zu versäumen (oder auf einer langweiligen gesehen zu werden). Die frühen Sechziger waren eine Zeit, in der edle kleine Abendeinladungen zum Stammesritual der Gesellschaft gehörten – als Zeichen des guten Geschmacks.

Glücklicherweise braucht man heute keine Entschuldigung mehr, um Freunde einzuladen und ein paar Gläser zu trinken. Das Zubereiten von Martinis für mehr als vier Personen ist Anlaß genug, um zu feiern. Wie aber schmeißt man eine heiße Party? Man braucht dazu kein großes Budget, sondern vor allem Organisationstalent, gute Ideen und eine gute Planung. Hier ein paar Tips:

Die erste Aufgabe besteht darin, den geeigneten Termin zu finden. Die Erfahrung hat uns gelehrt, Feste im eigenen Haus nicht unter der Woche zu feiern, es sei denn, man läßt einen Partyservice kommen, der eindeckt, serviert und hinterher alles wieder aufräumt. Freitag und Samstag sind also die besten Tage, denn danach können sowohl Sie als auch Ihre Gäste sich ausgiebig von den Feierlichkeiten erholen. (Sie könnten auch einen Satz billiger Sonnenbrillen verteilen, damit Ihre Gäste im Morgengrauen einen stilvollen Abgang hinlegen. Die gesamte Belegschaft mit Sonnenbrillen auszustatten, verleiht ihr außerdem schlagartig ein amüsantes Flair von Coolness.)

Welche Art von Party?

Sobald Sie Ihren Termin festgelegt haben, steht die wichtigste Entscheidung an: Welche Art von Martini-Party wollen Sie veranstalten? Dazu ein paar Vorschläge:

Eine gehobene Cocktailparty im Stil von *Alles über Eva* oder *La Dolce Vita* ist dann ideal, wenn Sie und Ihre Freunde sich gern in Schale werfen, Ihre besten Kristallgläser goutieren und feine Zigarren und Zigaretten genießen.

Eine klassische ›Komm-wie-du-bist-Fete‹ wie in den Romanen von Dashiell Hammett oder Komödien von P. G. Wodehouse ist das richtige, wenn Ihre Gäste direkt von der Arbeit kommen, auf dem Weg zu einem Empfang sind, Party-Hopping veranstalten oder sich lediglich vom Fernseher losreißen. Angeregt durch die in Ihrem Wohnzimmer meisterhaft gemixten Martinis können sie dann ein paar Stunden lang zu jazziger Musik die Hufe schwingen und über Hemingways Abenteuer oder die aktuellen Autorennergebnisse philosophieren.

Sofern der Wetterbericht einen warmen, sonnigen Tag

verspricht (und Sie über entsprechende architektonische Gegebenheiten verfügen), könnten Sie sogar eine Pool- oder Dachterrassenparty organisieren. Werfen Sie zur Inspiration einen Blick in alte *Playboy*-Ausgaben der Sechziger. Die Schlange der vor Ihrem Haus geparkten Sportwagen und die Scharen von Bikini- oder Cocktail-kleidschönheiten, die um Ihren Swimmingpool flanieren, werden Ihren Nachbarn bis zum nächsten Winter ausrei-chend Gesprächsstoff bieten.

Getränke

Bevor Sie Ihren Vorrat an Martinizutaten auffrischen, stellen Sie Ihre Getränkekarte zusammen. Sobald Sie wissen, wie viele der eingeladenen Gäste kommen wer-den, errechnen Sie anhand der Rezepte Ihren Bedarf.

Die Rechnung ist denkbar einfach: Aus einer 750 ml-Flasche Gin oder Wodka erhalten Sie zwölf Portionen à 60 ml. Wenn nun zehn Gäste kommen, deren Limit bei jeweils etwa drei Martinis liegt, abzüglich der einge-fleischten Autofahrer, sollten Sie drei Flaschen Gin oder Wodka oder je zwei Flaschen von beidem kaufen. (Dann behalten Sie entweder etwas übrig oder können mit Bestimmtheit sagen, daß niemand Sie hinter Ihrem Rücken einen Geizkragen nennt.)

Außerdem brauchen Sie eine Flasche trockenen Ver-mouth (das sind fünfzig Portionen à 15 ml oder etwa 7000 Tropfen pro 750 ml-Flasche) sowie je eine Flasche der für Ihre Rezepte benötigten Zutaten (Orangensaft, Cointreau, Champagner, Likör, Scotch usw.). Denken Sie daran, daß es davon oft auch kleine Flaschen zu kaufen gibt.

Natürlich dürfen auf Ihrer Einkaufsliste die Garnierun-gen nicht fehlen – Oliven, Silberzwiebeln, Zitronen,

Orangen usw. – sowie eventuell zusätzlich benötigte Bar-
ausrüstung wie ein extra Cocktailshaker oder Rührglas,
Spiralsieb und Meßbecher (je einen für jeden Shaker),
Martinigläser (mindestens zwei pro Gast, wobei wir lie-
ber immer ein paar mehr im Haus haben) sowie einige
Boxen gefüllt mit Eis.

Speisen

Selbst wir müssen zugeben, daß der Mensch nicht von
Martinis allein leben kann, sondern auch etwas zum
Knabbern braucht. Allerdings würden wir zu unserem
liebsten Elixier niemals herkömmliche Kartoffelchips
oder Salzstangen anrühren und solcherlei prosaische
Häppchen auch niemals unseren Gästen vorsetzen. Am
besten ist, etwas anzubieten, das einen vom Alkohol
betäubten Gaumen noch kitzelt, ohne ihn zu reizen.
Nach diesem Motto haben wir eine Reihe von Speisen
zusammengestellt, die außerdem leicht mit einer Hand
zu essen sind:

– Oliven unterschiedlicher Größen mit verschieden-
   artigen Füllungen, eingelegt in diversen Marinaden,
   zusammen mit ein paar farblich auflockernden Silberzwiebeln
– verschiedene Nußsorten und Edelchips
– Käsewürfel aus Roquefort, Stilton, scharfem Cheddar
   und Portwein-Cheddar (bitte keinen Brie oder Gouda
   – die passen nicht zum Martini)
– scharfe Käse-Sticks
– gerösteter Knoblauch *(siehe Rezept auf Seite 159)*
– eine Rohkostplatte (verschiedene rohe Gemüse in
   mundgerechten Stücken) mit Sahne-Meerrettich-Sauce
   (siehe Rezept auf Seite 159)

- Schinken- oder Entenpastete, serviert auf Baguette-scheiben mit Cornichons
- Spieße mit leicht gewürzten Shrimps oder Garnelen *(siehe Rezept auf Seite 181)* (Serviervorschlag: Spieße mit je einem Shrimp in eine von unten schräg ange-schnittene Ananas stecken)
- ein Platte mit gedünsteten oder gebackenen Fleisch-bällchen von Ihrem Chinesen um die Ecke
- Roastbeef-Medaillons auf runden Toastscheiben, gar-niert mit Sauce Béarnaise
- Minikartoffeln und Lauchpfannküchlein mit saurer Sahne
- eine Portion geräucherter Lachs mit Kapern, kleinge-hackten roten Zwiebeln und Brotstückchen
- rohe Austern in halber Schale mit frischen Zitronen-schnitzen
- Kaviar, serviert mit zerkleinerten hartgekochten Eiern, kleingehackten weißen Zwiebeln, Zitronenschnitzen und Toastwürfeln
- in Speck gehüllte Kammuscheln oder Wasserkastanien, die auf Spieße gesteckt und gegrillt wurden
- Mini-Blätterteigtaschen, gefüllt mit Curryhuhn und garniert mit Trauben und gerösteten Walnüssen
- geröstete Scheiben italienischen Brotes mit einem Auf-strich aus enthäuteten und gewürfelten Tomaten, gehacktem Knoblauch, Olivenöl, Spinat, Salz und Pfef-fer (›Bruschetta Fiorentina‹)
- Mini-Blätterteigtaschen, gefüllt mit ganzen Pekan-nüssen und einer Pekanglasur, die mit Schokoladen-likör aromatisiert ist
- frische, halbierte Erdbeeren, serviert mit einer Creme aus saurer Sahne, gemahlenem Zimt und braunem Zucker

Natürlich erwarten wir nicht, daß Sie alle Speisen dieser Liste servieren. Wir tun's auch nicht. Aber Sie können sich einige der einfachen Sachen heraussuchen und dazu ein paar der ausgefalleneren. Oder wenn Sie selbst kein Talent in der Küche sind, überreden Sie einen Ihrer Gäste, etwas davon mitzubringen.

EINFACHES SHRIMPS-BOUQUET (CAJUN-STYLE)
ergibt 5 Vorspeisen-Portionen

500 g frische mittelgroße Shrimps (ca. 30)
½ TL Salz
1 TL gemahlener schwarzer Pfeffer

½ TL gemahlener Cayenne-Pfeffer
½ TL Knoblauchpulver
1 frische Ananas

Alle Gewürze in einen Salzstreuer füllen und beiseite stellen. Shrimps aus der Schale pulen, säubern und einzeln auf ca. 20 cm lange Bambusspieße stecken. 3 Tassen Wasser zum Kochen bringen, Shrimps hineinlegen und 3 Minuten bei mittlerer Hitze kochen. Ananas unten diagonal anschneiden, so daß sie schräg auf eine Platte gelegt werden kann. Shrimps aus dem Wasser nehmen, mit Gewürzmischung bestreuen und die Spieße in die Ananas stecken.

ROHKOST-DIP
ergibt 4-6 Vorspeisen-Portionen

1 Tasse saure Sahne
2 TL Meerrettich

1 TL feingehackter Schnittlauch
oder Lauch

Alle Zutaten in einer Schüssel gut verrühren. Zu mundgerechten Stücken aus Karotten, blanchiertem Brokkoli oder Spargel, Sellerie, grünen Bohnen, Endivienblättern oder anderem Gemüse servieren.

GERÖSTETER KNOBLAUCH
ergibt 2-4 Vorspeisen-Portionen

1 Knolle Knoblauch
3 TL Olivenöl

Knoblauch nicht schälen, sondern nur die Spitze abschneiden, um die einzelnen Zehen sichtbar zu machen. Auf ein abgedecktes Backblech legen, mit Öl beträufeln und im vorgeheizten Backofen 45-60 Minuten backen. Heiß oder kalt servieren.

Eßbare Cocktails

Während Sie in der Küche das Essen vorbereiten, können Sie auch ein bißchen herumexperimentieren, welche Speisen sich in Martinigläsern servieren lassen. Am dankbarsten sind dabei Oliven. Mixen Sie einen extra Martini und gießen ein Viertel davon über ein mit Oliven gefülltes Glas. So ist gewährleistet, daß der Geschmack von Getränk und Speise harmoniert. (Die besten Martinis hierfür sind die aus Gin oder Wodka und Vermouth. Andernfalls könnte es sein, daß Sie Ihre Oliven wegwerfen.)

Ein eleganteres Rezept sind ›Betrunkene Garnelen‹, die in einer Mischung aus Wodka, Gin, eingelegtem Ingwer, Salz und Pfeffer gedünstet werden. Das Schöne an Garnelen (oder Shrimps) ist, daß Sie sie an den Rand eines Martiniglases hängen und damit sofort den Eindruck erwecken können, Sie hätten einen Meisterkochkurs absolviert.

Selbst Salsa macht sich besser in einem Martiniglas (und Tortilla-Chips sind überraschenderweise passend geformt, um auch den Boden zu erreichen), das Sie mit einem Zitronenschnitz oder einigen an den Rand gesteckten Chips garnieren können.

Hier noch ein kleiner Streich, den Sie in lustiger Runde spielen können:

Kaufen Sie ein Päckchen weiße Gelatine und rühren Sie sie nach Anweisung an. Dabei ersetzen Sie die Hälfte der angegebenen Wassermenge durch Ihre übliche Mischung Gin und Vermouth. Dann gießen Sie das Ganze über eine Olive oder ein Stückchen Zitronenschale in ein Martiniglas und stellen es in den Kühlschrank.

Wenn Sie Ihren Gästen die Drinks mischen, warten Sie bis zur zweiten oder dritten Runde, gießen dann etwas frischen Martini auf das vorbereitete Glas und überreichen es als das gewünschte Getränk. Auf Ex!

Der Pfarrer dröhnte von den Kanzel über den Unsegen des Alkohols. »Nennt mir etwas, das schlimmer sein könnte als Alkohol!«

»Durst«, ertönte die Antwort aus der hintersten Kirchenbank.

»Wie kannst du diese Frau nur heiraten? Sie hat vom Kochen überhaupt keine Ahnung.«

»Das stimmt nicht. Gestern abend haben wir ganz toll gegessen.«

»Ach ja? Was hat sie gemacht?«

»Sie hat den Tisch reservieren lassen. Was kann ich mir mehr wünschen?«

4. Kapitel

HAPPY HOUR

Die besten Martinibars der Welt

Egal, wo Sie heutzutage hingehen – ein oder zwei gute Martinibars finden Sie immer, wenn Sie wissen, wo Sie suchen müssen. Dank der wiedererweckten Barkultur (und unzähliger Subkulturen) werden jede Woche neue Trinkstätten eröffnet. Die nachfolgend aufgelisteten Lokalitäten gehören teils zu den Cocktailbars, in denen wir selbst viele schöne Stunden verbracht haben, teils wurden sie uns von Besuchern unserer Web-Seite empfohlen.

Was macht ein Lokal zum idealen Platz, einen Martini zu trinken? Ein talentierter und angesehener Barmixer hinter der Bar und eine ansprechende Umgebung waren unsere Kriterien. Der Rest – gute Musik, schöne oder ausgefallene Menschen, gute Lage, ein gut gefüllter Zigarrenschrank sowie eine bemerkenswerte Ansammlung seltener Spirituosen – ist nur ›Zuckerguß‹. (Zufällig gefallen uns Orte mit viel Zuckerguß ausnehmend gut.)

 Ein Rezept dieses Lokals ist in unserem Buch enthalten.

EUROPA

DEUTSCHLAND

American Adlon Bar, Adlon Hotel Kempinski Berlin, Unter den Linden 77, Berlin (Tel. 030/22610). Direkt am Brandenburger Tor, sehr edel und gepflegt.

Bar Am Lützowplatz, Am Lützowplatz, Berlin (Tel. 030/2626807). Schicke amerikanische Bar im High-Tech-Stil.

Bristol Bar, Kempinski Hotel Bristol, Kurfürstendamm 27, Berlin (Tel. 030/884340). Alteingesessene Pianobar, in der schon Marlene Dietrich ihren Drink zu sich nahm.

Harry's New York Bar, Grand Hotel Esplanade, Lützowufer 15, Berlin (Tel. 030/261011). Mondän-schicke Hotelbar mit Piano.

Times Bar, Savoy, Fasanenstr. 9-10, Berlin (Tel. 030/311 030). Ultraedle London-Club-Style-Bar mit angeschlossenem Zigarrenclub. Läßt keine Wünsche offen.

Allegro Bar, Hotel Kempinski, Am Taschenberg, Dresden (Tel. 0351/49120). Feines Ambiente.

Piano Bar, Dresden Hilton, An der Frauenkirche, Dresden (Tel. 0351/8642850). Hotelbar mitten im Zentrum.

Autoren Bar, Frankfurter Hof, Bethmann Str. 33, Frankfurt (Tel. 069/215129). Treffpunkt der Buchmessen-Szene.

Bubble-Point, Sachsenhausen, Frankfurt (Tel. 069/617502). Endlos lange Bar mit einer grandiosen Auswahl von Martinis.

Casablanca, Parkhotel, Wiesenhüttenplatz 28, Frankfurt (Tel. 069/26970). Schicke

Hotelbar mit Piano-Live-Musik und Frankfurts wohl interessantestem Publikum an Airlinern, Künstlern und Abenteurern.

DAXX, Wilhelm-Leuschner Str. 43, Frankfurt (Tel. 069/26052402). Durchgestylte Nobelbar der Szene. Die Preisbestimmung der Cocktails liegt beim Gast, dadurch aber auch die Entscheidung über die Üppigkeit des Getränks.

Jimmy's Bar, Hotel Hessischer Hof, Ebert-Anlage 40, Frankfurt (Tel. 069/614 559). Elegante Manager-Bar, zu Buchmessezeiten Literaturtreff.

Maximilian, Schweitzer Str. 1, Frankfurt (Tel. 069/6171 46). Stilvoll eingerichtete Bar in einem Altbau mit grandiosem Panorama auf Mainhattan Terrasse und Superservice.

Palast-Bar, Heiligenkreuzstr. 18, Frankfurt (Tel. 069/ 92002292). Bar mit 44seitiger Getränkekarte in einem ungekünstelten Zwanziger-Jahre-Ambiente.

Rhapsodie Bar, Arabella Hotel, Konrad-Adenauer Str. 7, Frankfurt (Tel. 069/298 1171). Geführt von einem der besten deutschen Bar-keeper.

Havana, Fischmarkt 4-6, Hamburg (Tel. 040/313636). Nach den sehr guten Martinis direkt zur Fischversteigerung.

Hemingway, Markusstr. 4, Hamburg (Tel. 040/352448). Hier schlägt keinem die Stunde.

Meyer Lansky's, Pinnasberg 60, Hamburg (Tel. 040/3191 009). Große Cocktailauswahl.

M und M Bar, Reichshof Maritim, Kirchenallee 34, Hamburg (Tel. 040/248330). Gepflegtes Understatement, gepflegte Drinks.

Simbari Bar, Hotel Vier Jahreszeiten Hamburg, Neuer Jungfernstieg 9-14, Hamburg (Tel. 040/34940). Treff von Geschäftsleuten und internationalem Publikum.

Sterzingers American Diner, Thielbeckstr. 3-5, Hamburg (Tel. 040/340780). American Style Bar und Restaurant.

ArtBar, St. Aperner Str. 17, Köln (Tel. 0221/254375). Künstler- und Szene-Treff.

Chin's Bar, Im Ferkulum, Köln (Tel. 0221/328196). Americano Bar und Diner.

King George, Sudermannstr. 2, Köln (Tel. 0221/724490). Englisch angehauchtes Ambiente.

Lobby Bar, Crowne-Plaza-Hotel, Habsburger Platz 9-13, Köln (Tel. 0221/20550). Gestylte Hotel-Bar.

Meyer Lansky's, Spiesergasse 1, Köln (Tel. 0221/135116). Eine Bar der Meyer Lansky-Gruppe.

Pink Schampain, Gereonshof 34, Köln (Tel. 0221/135 321). Szene- und Künstler-Treff.

Egon Bar, Seitzstr. 7, München (Tel. 089/29161076). Geheimtip, da sich dort jeder mit jedem unterhält, egal ob Stammgast oder Neuling.

Havana, Herrnstraße 3, München (Tel. 089/291884). Absichtlich heruntergekommen wirkende kubanische Kneipe mit jungem Schickimicki-Publikum.

Hilton Piano Bar, Tucherplatz 7, München (Tel. 089/ 3845263). Bar mit Weltruf, diesem entsprechen auch die Preise und Gäste (Stars, Starlets, Geschäftsleute usw.).

Lenbach im Käfers, Bernheimer Palais, Ottostr. 6, München (Tel. 089/54913 00). Ultra-coole Bar in palastartigen Räumen. Schöne Menschen und Martinis.

Metropolitan Bar und Restaurant, Marienplatz 22, München (Tel. 089/2309770). Hoch über Münchens berühmtestem Platz, Conran-gestyltes Mobiliar und ein großartiger Ausblick.

Nachtcafé, Maximiliansplatz 5, München (Tel. 089/595900). Bei Live-Musik trifft sich ein gemischtes Publikum gern sehr spät.

Raffael Bar, Hotel Raffael, Neuturmstr. 1, München (Tel. 089/290980). Sehr exklusive Piano-Bar.

Schumann's Bar, Maximilianstraße 36, München (Tel. 089/229268). Viele Münchner halten dies für Deutschlands beste ›American Bar‹.

Tiger's, Residenzstr. 3, München (Tel. 089/29162012). Yuppie- und Schicki-Treff in schönem Ambiente.

Trader Vic's, Hotel Bayrischer Hof, Promenadeplatz 4, München (Tel. 089/226192). Die wohl beste Cocktail-Bar Münchens verleitet den Gast mittels Südsee-Outfit zum Träumen.

Fontana Bar, Vollmüllerstr. 5, Stuttgart (Tel. 0711/7300). Edle Atmosphäre.

Wintergarten Bar, Hotel am Schloßgarten, Schillerstr. 23, Stuttgart (Tel. 0711/20 260). Mitten in der Schwaben-Metropole gelegen.

Zeppelin Bar, Hotel Graf Zeppelin, Arnulf-Klett-Platz 7, Stuttgart (Tel. 0711/20480). Elegant und zum Abheben schön.

FRANKREICH

 Harry's New York Bar, 5 Rue Danau, 2e, Paris (Tel. 42/61-71-14). Sehenswerte Kneipe der Lost Generation im Operndistrikt.

Le Dépanneur, 27 Rue Fontaine, 9e, Paris (40/16-40-20). Yuppie-Bar nahe der Place Pigalle.

GROSSBRITANNIEN

 American Bar, The Savoy Hotel, The Strand, London WC2 (Tel. 0171/836-4343). Klassisch edwardianische Hotelbar, berühmt für die besten klassischen Martinis des Landes.

Brown's Restaurant, Woodstock Road, Oxford (Tel. 865/511995). Elegantes Restaurant, das seinem Yuppie-Publikum entsprechend klassische Martinis serviert.

Cocktail Bar, The Café Royal, 68 Regent Street, London W1 (Tel. 0171/437-9090). Bar im viktorianischen Stil mit demselben dekadenten Dekor wie schon zu Zeiten von Oscar Wilde und Aubrey Beardsley.

Henry Africa's Hothouse, 65 White Ladies Road, Bristol (Tel. 0171/923-8300). Schicke Cocktailbar mit Safari-Dekor.

Smollensky's on the Strand, 105 The Strand, London WC2 (Tel. 0171/497-2102). Cocktailbar mit Speisen, live Jazz und Tanzfläche.

ITALIEN

Amerini, Via della Vigna Nuova (nahe Via Torna- buoni), Florenz. American Bar, in der es sogar einen Pasini Express gibt.

Calice, Via Clavature, Bologna. Recht berühmte American Bar.

Harry's Bar, Calle Vallaresso, San Marco 1323, Venedig (Tel. 041/ 528-57-77). Sehenswertes Café nahe dem Markusplatz.

ÖSTERREICH

Castillo, Biberstr. 8, Wien (Tel. 01/5127123). American Bar und Paradies des ungekrönten Barkönigs von Wien, Mario Castillo.

Eden Bar, Liliengasse 2, Wien (Tel. 01/5124969). Traditionsreich, edel, der Inbegriff Wiener Stils.

Haas Bar, (Do+Co im Haashaus) Stephansplatz 5, Wien (Tel. 01/5354574). Spektakuläre Drinks mit spektakulärer Aussicht auf den Stephansdom.

Loos Bar, Kärntner Str. 10, Wien (Tel. 01/5123283). Architektonisches Designwunder des Bauhaus.

RUSSLAND

Metropol Hotel, Tetralny Proezd /, Moskau (Tel. 095/927-6000 oder 7501/927-1000 von außerhalb Moskaus). Elegante Hotelbar gegenüber vom Bolschoi-Theater.

National Hotel, 14/1 Okhotny Ryad, Moskau (Tel. 095/258-7000). Hotelbar mit restauriertem russischem Art Déco gegenüber vom Roten Platz.

Piano Bar Old Square, 8 Bolshoi Cherkassky Pereulok, Moskau (Tel. 095/298-4688). Lässige 24-Stunden-Cocktailbar mit jungem Publikum.

Savoy Hotel, Ul. Rozhdestvenka, Moskau (Tel. 095/929-8500). Opulente Hotelbar, 1912 gebaut und erst kürzlich restauriert.

SCHWEIZ

Jules Verne Bar, Uraniastr. 9, Zürich (Tel. 01/2111155). Hoch über den Dächern der Altstadt in Zürichs alter Sternwarte.

Kronenhalle Bar, Rämistr. 4, Zürich. Ein absolutes Muß. Elegante, traditionsreiche Bar, ausgestattet mit Originalkunst großer zeitgenössischer Maler.

Der Barkeeper Peter Roth ist ein Experte seines Faches.

Old Fashion Bar, Fraumünsterstr. 15, Zürich. Altmodischplüschige Bar im Bankenviertel.

Widder Bar, Widdergasse 6, Zürich (Tel. 01/2242411). Kühl-elegantes Design in

Zürichs gestyltestem Hotel. Regelmäßiger Konzerttreffpunkt für Jazzliebhaber.

SPANIEN

Dry Martini, Aribau 162-166, Barcelona. In dieser stilvoll klassischen Bar mit Gemäldesammlung wird man von eleganten Barkeepern umsorgt.

VEREINIGTE STAATEN

KALIFORNIEN

Bar Marmot, The Château Marmot, 8221 Sunset Boulevard, Hollywood (Tel. 213/656-1010). Hotelbar in renovierter Hollywood-Sehenswürdigkeit.

Bix Restaurant & Lounge, 65 Gold Street (Financial District), San Francisco (Tel. 415/433-6300). Eine der wenigen Bars, in der noch immer nur klassische Dry Martinis aus Gin oder Wodka serviert werden;

allerdings sind diese Martinis so perfekt gemixt, daß Sie die anderen kein bißchen vermissen werden.

The Blue Light, 1979 Union Street, San Francisco (Tel. 415/922-5510). Immer voll, gute Stimmung.

Cypress Club, 500 Jackson Street (Financial District), San Francisco (Tel. 415/296-8555). Modernes, cooles Ambiente, eine Art Cartoon eines exklusiven

Nachtclubs. Mittwochs ist Martini-Night!

The Derby Club, 4500 Los Feliz Boulevard, Hollywood (Tel. 213/663-8979). Sehr schicke Swing-Bar im Stil der Vierziger. Sehen Sie sich den Film *Swingers* an, genau das ist es.

42°, 235 16th Street, San Francisco (Tel. 415/777-5558). Restaurant mit moderner Küche und französisch-spanischem, mediterranem Flair.

The Four Seasons Hotel Gardens, 690 Newport Center Drive, Newport Beach (Tel. 714/759-0808). Besser als die normale Hotelbar. Mittwochs ist Martini-Night.

Good Luck Bar, 154 Hillhurst Avenue, Hollywood (Tel. 213/666-3524). Schicke polynesische Bar, gut geeignet für späte Stunden.

Harry Denton's Starlight Room, Sir Francis Drake Hotel, 450 Powell Street, San Francisco (Tel. 415/392-7755). Alte, elegante Bar im Dachgeschoß, Hotel-Nachtclub mit großer Tanzfläche und großartiger Aussicht.

Joe's Café, 536 State Street, Santa Barbara (Tel. 805/966-4638). Wurde im Jahr 1928 eröffnet und hat noch viel von seinem alten Charme (und der alten Belegschaft); bekannt für tolle Drinks, Prime Ribs und Steaks, mit einer stets vollen Bar und einem hervorragenden Barmixer.

Lava Lounge, 1533 North La Brea Avenue, Los Angeles (Tel. 213/876-6612). Schwarzwandige Salonlöwen-Bar der harten Szene.

Little City, 673 Union Street (in der North Beach Area), San Francisco (Tel. 415/434-2900). Ruhiges amerikanisch-italienisches Restaurant.

Lulu, 816 Folsom Street (südlich der Market Street), San Francisco (Tel. 415/495-5775). Künstlerisch-modernes Restaurant.

Musso & Frank's, 6667 Hollywood Boulevard, Hollywood (Tel. 213/467-5123). Eines der ältesten Restaurants in Hollywood.

Persian Aub Zam Zam, 1633 Haight Street, San Francisco (Tel. 415/861-2545). Bruno heißt der berühmte Barkeeper, der Sie nicht bedient, wenn ihm Ihre Nase nicht gefällt.

Piped Piper Bar, The Palace Hotel, 2 New Montgomery Street, San Francisco (Tel. 415/512-1111). Diese Hotelbar besitzt ein Wandgemälde von Maxfield Parrish, Schachtische und riesige Ohrensessel.

The Redwood Room, The Clift Hotel, Geary & Taylor Streets, San Francisco (Tel. 415/775-4700). Stilvolle Hotelbar mit Rotholz-Täfelung.

The Tosca Café, 242 Columbus Avenue, San Francisco (Tel. 415/391-1244). Restaurant/Bar mit einwandfrei funktionierender antiker Jukebox.

Vesuvio's, 255 Columbus Avenue (Jack Kerouac Alley, gegenüber vom City Lights Bookstore), San Francisco (Tel. 415/362-3370). Düstere Kunst- und Literatur-Bar der Beat Generation.

FLORIDA

Delano Hotel, 1685 Collins Avenue, Miami Beach (Tel. 305/538-7881). Die Rose Bar im Delano – ein kleines Wohnzimmer, das an die Lobby angrenzt – ist der Ort, um zu sehen und gesehen zu werden.

Les Deux Fontaines, 1230 Ocean Drive, Miami (Tel. 305/672-7878). Ruhige und gemütliche Bar im Ocean Front Hotel mit Sofas und 25 verschiedenen Martinis auf der Karte. Außerdem gibt's Zigarren und ein Zigarettenmädchen.

Mercury Restaurant, 764 Washington Avenue, Miami (South Beach) (Tel. 305/532-0070). Modernes Industrie-Dekor, hochwertige amerikanische Küche und 40-50 Martinis auf der Karte.

ILLINOIS

Club Lucky, 1824 West Wabansia Avenue, Chicago (Tel. 312/227-2300). Yuppie-Kneipe im Viertel River North.

Coq d'Or Restaurant & Lounge, Drake Hotel, 140 East Walton Street, Chicago (Tel. 312/787-2200). Dunkel getäfelte Hotelbar. Pianist Buddy Charles ist eine eigene Sehenswürdigkeit von Chicago.

The Green Mill Cocktail Lounge, 4802 North Broadway Avenue, Chicago (Tel. 312/878-5552). Jazzbar im Stil der dreißiger Jahre.

Harry's Velvet Room, 534 North Clark Street, Chicago (Tel. 312/828-0770). Italienisches Restaurant mit burgunderroten Sofas und langer Holztheke.

Martini Ranch, 311 West Chicago Avenue, Chicago (Tel. 312/335-9500). Bar mit junger Intellekutellen-Klientèle im Viertel Near North.

Mashed Potato Club, 3914 North Clark Street, Chicago (Tel. 773/871-4062). Ein einzigartiges Erlebnis – ein Kartoffelrestaurant.

Set 'Em Up Joe, 22 West Elm Street, Chicago (Tel. 312/280-4735). Piano Bar im Fünfziger-Jahre-Stil mit Zigarren-Lounge im Obergeschoß.

The Zebra Lounge, 1220 North State Street, Chicago (Tel. 312/642-5140). Winzige Piano Bar im Viertel Near North, die schon in den Zwanzigern als Flüsterkneipe bestand.

LOUISIANA
The Bombay Club, The Prince Conti Hotel, 830 Conti Street, New Orleans (Tel. 504/586-0972). Hotelbar.

Kagan's Corner, 2311 Canal Street, New Orleans (Tel. 504/821-0411). Kleines irisches Pub im French Quarter.

MASSACHUSETTS
Grill 23 & Bar, 161 Berkeley Street, Boston (Tel. 617/542-2255). Exklusives Restaurant mit dunklem Holz, Messing und Leder.

NEVADA
El Cortez, 239 West Second, Reno (Tel. 702/324-4255). Eine echt schäbige, alte Zockerkneipe.

Hardrock Hotel Casino & Bar, Hardrock Hotel, 4455 Paradise Road, Las Vegas (Tel. 702/324-4255). Rock' n'Roll-Casino-Bar.

Hilltop House, 3400 North Rancho Drive, Las Vegas (Tel. 702/645-9904). Steak- und Hummer-Restaurant mit fünfunddreißigjähriger Tradition.

The Rapscallion, 1555 South Wells, Reno (Tel. 702/323-1211). Eines der wenigen Restaurants in Reno, die kein Casino haben.

NEW YORK
Bemelman's Bar, The Carlyle Hotel, 35 East 76 Street, New York (Tel. 212/744-1600). Gemütliche Hotelbar.

The Blue Bar, The Algonquin Hotel, 59 West 44 Street, New York (Tel. 212/840-6800). Klassische Hotelbar, die noch immer von Manhattans Literaten besucht wird.

Bubble Lounge, 228 West Broadway, New York (Tel. 212/431-3433). Sehr schicke Cocktailbar in Soho.

Chaz & Wilson, 201 West 79 Street, New York (Tel. 212/769-0100). Bar in der Upper West Side. An Mittwochabenden spielt eine tolle Band namens Stingers mit vier oder fünf Sängern, Stilrichtung: Motown-Stax-Memphis.

57/57, The Four Seasons Hotel, 57 East 57 Street, New York (Tel. 212/758-5757). Elegante Hotelbar. Wenn sie an einem Freitag- oder Samstagabend hingehen wollen, sollten Sie vorher reservieren.

 The Four Seasons Restaurant; 99 East 52 Street, New York (Tel. 212/754-9494). Die Decke dieser Bar im Stil der fünfziger ist sehenswert: eine Art Damokles-Dekor.

Global 33, 93 Second Avenue (zwischen 5. und 6. Straße), New York (Tel. 212/477-8427). Tolle Kneipe im East Village.

Jet Lounge, 286 Spring Street, New York (Tel. 212/675-2277). Cocktailbar in Soho.

Lucatelli's, 205 Elmira Road, Ithaca (Tel. 607/273-0777). Italienisches Restaurant.

Martini's, 810 Seventh Avenue (Ecke 53. Straße), New York (Tel. 212/767-1717). In diesem modern eingerichteten Restaurant werden die Martinis in Bechergläsern serviert, die wiederum in eisgefüllten Glashäfen stehen.

Merchant's, 521 Columbus Avenue, New York (Tel. 212/721-3689). Kleine, aber feine Bar in der Upper West Side.

Monkey Bar, 60 East 54 Street, New York (Tel.

212/838-2600). Alte Hotelbar im Vierziger-Jahre-Stil
mit strenger Kleidungs-
vorschrift.

Naked Lunch, 17 Thompson
Sreet, New York (Tel.
212/343-0828). Geöffnet
von 17 bis 4 Uhr, ab 23
Uhr 30 reger Betrieb. Lassen Sie sich Ihren Martini
von George zubereiten,
einem der besten Barmixer
in New York.

95 School Street, 95 School
Street, Bridgehampton
(Tel. 516/537-5555). Ge-
mütliche Bar in den
Hamptons.

The Oak Bar, Plaza Hotel, 59
Street/Fifth Avenue, New
York (Tel. 212/759-3000).
Klassische Hotelbar, die
noch immer von Manhat-
tans Literaten frequentiert
wird.

Palm Too Restaurant, 840
Second Avenue, New York
(Tel. 212/687-7698). Gut
bekanntes New Yorker

Steak- und Hummer-
Restaurant.

Peacock Alley, Waldorf-Astoria Hotel, 301 Park Ave-
nue, New York (Tel.
212/355-3000). Klassische
Hotelbar.

Pravda, 281 Lafayette Street,
New York (Tel. 212/226-
4696). Elegant-moderne
Kellerbar mit bequemen
Sesseln und schicker Soho-
Atmosphäre. An gut
besuchten Abenden kann
die Wartezeit bis zu 45
Minuten dauern.

The Rainbow Room, 64th Floor,
Rockefeller Center, 30
Rockefeller Plaza, New
York (Tel. 212/632-5000).
Einer der besten New Yor-
ker Nachtclubs des Cock-
tail-Zeitalters mit Blick
über Midtown. Die Aus-
sicht ist toll, die Kleider-
vorschrift streng, die
Preise nicht so hoch, wie
man erwarten würde.
Geöffnet ab 17 Uhr 30
oder 18 Uhr.

Tatou Restaurant, 151 East 50 Street, New York (Tel. 212/753-1144). Sehr hippes Varieté-Restaurant der gehobenen Klasse mit Jackettzwang. Hätte Fellini sein *Dolce Vita* in New York gedreht, wäre das Tatou sicher Hintergrund einer seiner Nachtclubszenen gewesen.

Trattoria Della Arte, 900 Seventh Avenue (zwischen 56. Und 57. Straße), New York (Tel. 212/245-9800). Hippe, moderne italienische Restaurant-Bar, die mit ihrer Gipsnase im Fenster schwer zu übersehen ist.

21 Club, 21 West 52 Street, New York (Tel. 212/582-7200). Klassisches New Yorker Restaurant.

Vermouth, 355 Amsterdam Avenue, New York (Tel. 212/724-3600). Martini-Bar in der Upper West Side.

Zip City Brewing, 3 West 18 Street, New York (Tel. 212/366-6333). Minibrauerei/Bar/Restaurant. Dunkles Holz, riesige Brauereikessel in der Mitte; Essen sowie Martinis sind erstklassig.

NEW JERSEY

Hofbrauhaus, Ocean Boulevard, Atlantic Highlands (Tel. 908/291-0224). Die Aussicht auf New York, die Verrazano Bridge und den Atlantischen Ozean ist einfach atemberaubend.

TEXAS

Boulevard Bistrot, 4319 Montrose, Houston (Tel. 713/524-6922). Dieses Restaurant mit moderner Cuisine bereitet die örtlichen Spezialitäten mit bemerkenswerter Raffinesse zu.

Cedar Street, 208 West Fourth Street, Auston (Tel. 512/708-8811). Cocktailbar mit Zigarrentheke und live Jazz.

The Mansion at Turtle Creek, 2821 Turtle Creek Boulevard, Dallas (Tel. 214/559-2100). Elegantes Restaurant mit Texas Cuisine.

Martini Ranch, 216 Fairmount, Dallas (Tel. 214/220-2116). Avantgardistische Martini-Bar, die 40 verschiedene Wodkas anbietet.

WASHINGTON, D. C.

A. V. Ristorante Italiano, 607 New York Avenue NW (Tel. 202/737-0550). Im hinteren Teil dieses italienischen Restaurants befindet sich eine wunderschöne Bar aus Marmor.

Capital Lounge, 229-231 Pennsylvania Avenue SE (202/547-2098). Eine relativ neue Bar mit Grillrestaurant am Capitol Hill, die über einen Zigarren- sowie einen Martiniraum verfügt.

KANADA

BRITISH COLUMBIA

 The Blue Lizard Lounge, Waldorf Hotel, 1489 East Hastings Street, Vancouver (Tel. 604/253-7141). Eine polynesische Bar im Stil der Fünfziger, die jeden dritten Sonnabend Livemusik und Limbo-Wettbewerbe (unter der Leitung von Maxine Von Minx) veranstaltet.

Delilah's, 1739 Comox Street (in der Denman Place Mall), Vancouver (Tel. 604/687-3424). Schickes Westend-Restaurant im edwardianischen Stil.

Lola's at Century House, 432 Richards Street, Vancouver (Tel. 604/684-LOLA [5652]). Gehobenes, dekadentes Interieur mit dunklem Holz und Kerzen-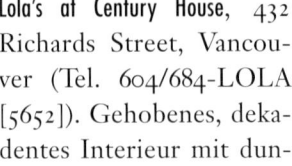

licht. Das Essen ist phantastisch.

ONTARIO
Bar Babylon, 553 Church Street, Toronto (Tel. 416/923-2626). Gemütliche kleine Martini-Bar.

QUEBEC
Jello Bar *(La maison du martini)*, 151 Ontario St. East, Montreal (Tel. 514/285-2621). Hippe Bar im Stil der fünfziger und sechziger Jahre.

ASIEN

JAPAN

Henry Africa, Akasaka Ishida Bldg., 2F, 3-13-14 Akasaka, Minato-ku, Tokio (Tel. 031/3585-0149). Cocktailbar mit Safari-Dekor.

Highlander, Hotel Okura, 2-10-4 Toranomon, Minato-ku, Tokio (Tel. 03/3505-6077). Hotelbar mit eleganter Einrichtung im Stil der Sechziger.

The Old Imperial Bar, The Imperial Hotel, 1-1-1 Uchisaiwacho, Chiyoda-ku, Tokio (Tel. 03/3504-1111). Elegante Hotelbar.

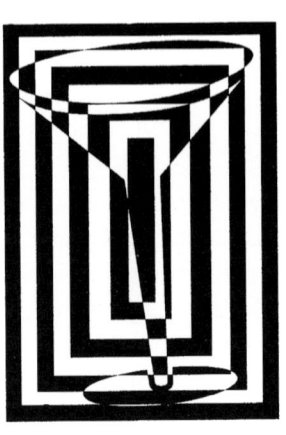

GEWÜRZTE SPIRITUOSEN

Martinis mit gewürztem Wodka und Gin

Wenn Sie gern in Ihrer Küche experimentieren – oder Diplomchemiker mit Zeit zur Muße sind –, werden die eingelegten Früchte (und Gewürze) Ihrer eigenhändig verfeinerten Wodkas Sie belohnen. Als wir es zum erstenmal ausprobierten, erkannten wir, daß wir etwas ganz Neues geschaffen hatten. Allerdings viel zu stark! Doch kein Problem – wir verdünnten mit mehr Wodka, und danach war es die perfekte Zutat für einen Après-Ski-Martini zum Aufwärmen (siehe *Wake-Up Call* auf Seite 132).

Das Rezept war ganz einfach: Einen halben Liter Getreidewodka in ein sauberes, steriles Einmachglas gießen, frischen, kleingeschnittenen Ingwer und Zitronenschale hinzufügen (siehe Rezept für *Ingwer-Wodka* auf Seite 183), fest verschließen und über Nacht in den Kühlschrank stellen. Die Flüssigkeit durch einen Kaffeefilter abgießen (Goldfilter sind hierfür sehr gut geeignet) und bis zum Gebrauch im Kühlschrank aufbewahren.

Zuerst machten wir den Fehler, die Mischung drei Tage stehen zu lassen. Danach mußten wir fast eine ganze Tasse Wodka hinzufügen, um den Geschmack abzumildern. Schnell lernten wir, die Chemie nicht allzu lange wirken zu lassen. Wir suchten einige Barmixer auf, die die Kunst des Wodkawürzens beherrschten und informierten uns über Mengenverhältnisse und Einwirkzeiten. Manche von ihnen ließen ihre Mischungen wochenlang im Warmen stehen. Die Gesundheitsbewußteren jedoch rieten von dieser Art der Alchimie ab. Die meisten aromatisierten Mischungen können in weniger als zwei Wochen hergestellt werden, einige sogar über Nacht.

Zuhause probierten wir das Gelernte aus. Wir stellten über Nacht einen rosafarbenen Preiselbeerwodka mit sonnengetrockneten Preiselbeeren her, mit dem man einen perfekten *Cosmopolitan* mixen kann. Wir versuchten uns auch an einer wohlschmeckenden Mischung aus sonnengetrockneten Kirschen mit Orangenschale (siehe Rezept für *Preiselbeer-* und *Kirsch-Wodka* auf Seite 184/185).

Mit frischen Früchten muß man allerdings anders vorgehen. Füllen Sie ein kleines Einmachglas mit frischen Preiselbeeren und Kirschen, Birnenscheiben, Pflaumen, Hagebutten oder Limetten und geben Sie dann den halben Liter Wodka hinzu. Es kann bis zu vier Tagen dauern, bis Sie ein Ergebnis schmecken. Anders als bei sonnengetrockneten Früchten, die ihr Aroma in konzentrierter Form und kein Wasser enthalten, brauchen frische Früchte länger, bis sie ihr Aroma abgeben.

Getrocknete Nüsse wie Paranüsse, Haselnüsse oder Mandeln ergeben kombiniert mit Schokoladenlikören eine interessante Geschmacksvariante. Gewürze wie Pfefferkörner, Chilischoten (siehe Rezept für *Pfeffer-Gin* auf Seite 184), getrocknete Fenchelsamen, Zimtstangen, Kaffeebohnen, Kakaobohnen, Vanilleschoten oder frische Kräuter wie Rosmarin oder Pfefferminze kann man ebenfalls einzeln oder in Kombination verwenden. Gehen Sie von denselben Mengenangaben aus, die wir für sonnengetrocknete Beeren errechnet haben, aber lassen Sie die Mischungen ein oder zwei Wochen durchziehen. Probieren Sie dann Ihren aromatisierten Wodka und lassen Sie ihn eine weitere Woche stehen, falls Sie ein stärkeres Aroma wünschen.

Es gibt noch ein paar Warnungen, die wir vor Ihrem Gang ins Testlabor anbringen wollen:

– Probieren Sie ein Rezept niemals mit mehr als einem halben Liter Wodka aus. Sie wollen den guten Tropfen doch nicht verschwenden!

– Verwenden Sie stets saubere, sterile, luftdicht verschließbare Glasbehälter. Schlechte Küchenhygiene führt zu unerwünschten Geschmacksrichtungen.

– Lassen Sie Ihre Mischung nie an einem warmen Ort stehen. Dadurch würden Sie die komplizierten chemischen Prozesse beeinträchtigen, die in Ihrem Kühlschrank so geregelt ablaufen.

– Trinken Sie nie eine Mischung, die mehrere Stunden unverschlossen an einem warmen Ort stand.

– Trinken Sie niemals eine Mischung mit frischen Früchten oder Gewürzen, die über einen Monat alt ist. Der Geschmack wird sehr bald schlecht.

Mit einiger Übung können Ihre Würzmischungen eine überraschende Bandbreite an Geschmacksvariationen bieten, die jeden Martini-Liebhaber beeindrucken werden. Und wer weiß, vielleicht machen auch Sie sich durch eine Martini-Kreation einmal unsterblich.

INGWER-WODKA

0,5 Liter Getreidewodka
28 g frischer, dünn geschnittener Ingwer

3 große Zitronenschalenstücke

Wodka in Einmachglas füllen (die Flasche aufheben), Ingwer und Zitronenschalen hinzufügen. Glas verschließen und über Nacht in den Kühlschrank stellen. Probieren. (Ist die Mischung zu würzig, mehr Wodka hinzugeben.) Die Mischung durch einen goldenen Kaffeefilter wieder in die Originalflasche gießen und im Kühlschrank aufbewahren.

PFEFFER-GIN

1 Liter Dry Gin	1 Chipotle-Pfefferschote
3 Jalapeño-Pfefferschoten	(geräucherte Jalapeño-Pfeffer-
(geviertelt)	schote)

Gin in ein Einmachglas füllen und Pfefferschoten hinzufügen. Glas verschließen und zwei Wochen in den Kühlschrank stellen. Durch einen goldenen Kaffeefilter wieder in die Originalflasche gießen und im Kühlschrank aufbewahren. Falls die Mischung zu würzig ist, mehr Gin dazugeben.

PREISELBEER-WODKA

0,5 Liter Getreidewodka	1 Tasse sonnengetrockneter Preisel-
	beeren

Wodka in ein großes Einmachglas füllen (die Flasche aufheben) und die Preiselbeeren hinzufügen. Das Glas verschließen und über Nacht in den Kühlschrank stellen. Probieren. (Ist die Mischung zu schwach, einen Tag länger im Kühlschrank stehen lassen.) Die Mischung durch einen goldenen Kaffeefilter wieder in die Originalflasche gießen und im Kühlschrank aufbewahren.

KIRSCH-WODKA

0,5 Liter Getreidewodka
1 Tasse sonnengetrocknete Kirschen

3 große Orangenschalenstücke

Wodka in ein großes Einmachglas füllen (die Flasche aufheben) und sonnengetrocknete Kirschen sowie Orangen-
schalen hinzufügen. Glas verschließen und über Nacht in
den Kühlschrank stellen. Probieren. (Ist die Mischung zu
schwach, einen weiteren Tag im Kühlschrank stehen lassen.) Die Mischung durch einen goldenen Kaffeefilter
wieder in die Originalflasche gießen und im Kühlschrank
aufbewahren.

LETZTE RUNDE

Als Bill entschlief, wunderte er sich, daß er plötzlich vor der Himmelstür stand. »Ich dachte immer, Martinitrinker würden in die andere Richtung geschickt«, sagte er zum Heiligen Petrus.

»Wer, denkst du denn, hat den Martini erfunden? Professor Jerry Thomas etwa? Nein, das war eine wahrhaft göttliche Eingebung«, kicherte Petrus und führte den Neuankömmling auf eine Besichtigungstour.

Bald kamen sie in den größten Saal, den Bill je gesehen hatte. Die Wände waren über und über mit Uhren behängt. »Das sind die Lebensuhren«, erklärte Petrus. »Sie messen die Zeiten, die alle Lebewesen auf Erden verbringen. Während du zum Beispiel gefrühstückt hast, bewegte sich der große Zeiger deiner Lebensuhr weiter.«

»Und diese«, fuhr Petrus fort, als sie an den Cocktailuhren vorbeikamen, »zeigen alle Zeit an, während derer du einen Cocktail getrunken oder auch nur daran gedacht hast.«

»Wo ist meine denn?« wollte Bill wissen. Sie suchten alles ab, konnten sie aber nicht entdecken. Also ging der Heilige Petrus zu einem der aufsichtführenden Engel und fragte ihn.

»Es scheint, daß deine Uhr weiter oben ist«, sagte er, als er zurückkehrte. »Irgend jemand hat sie als Ventilator benutzt.«

DIE MARTINI-REVUE

Alle Rezepte dieses Buches alphabetisch geordnet

DIE AUTOREN

Das Mixen von Martinis ist den Autoren Anistatia R. Miller und Jared M. Brown sozusagen in Fleisch und Blut übergegangen. Schließlich wuchs Miller in Chicagos Stadtviertel Near North Side zwischen so denkwürdigen Cocktailwahrzeichen wie dem original *Playboy Club* und dem Drake Hotel auf, während Brown an der New York University Lebensmittel- und Hotel-Management studierte. An Halloween 1995 schickten sie zu diesem Thema ihre erste Web-Seite ins Internet. Seit diesem Zeitpunkt gewann ihr ›Shaken Not Stirred‹ (http://www.martinis.com/key/) viel Anerkennung von *McKinley Review, Point Communications, Web Review* sowie *Top 10 percent of Internet Cooking Sites.* Außerdem wurde es zum co-branded segment von Village's *Vices & Virtues* bei America Online (keyword: V&V) und im Internet (http://www.vicesandvirtues.com).

Wenn sie nicht gerade in Manhattan, Vancouver, Chicago oder sonstwo Martinis mixen oder trinken, arbeiten sie als Redakteure für die Online-Zeitschrift *Adobe's.*